慈雨の光彩
オンマニペメフン

チベット仏教　観世音菩薩成就法

著／林　久義

写真提供：牧村薫　阪上勝哉

次の世代に仏法を守り伝える、あなたに捧げる

慈雨の光彩　オンマニペメフン
チベット仏教観世音菩薩成就法

目次

第三部　仏の道　密教の観世音菩薩

はじめに

一九五九年、中国共産軍はチベットを侵略し、中国の一部としてチベットを占領してしまいました。中国によるチベット侵略によって、ほとんどのチベット寺院は破壊され、経典は焼かれ、仏像は壊され、多くの僧侶が殺されるという、ひどい「破仏」が行なわれました。十三世紀にインド仏教がイスラムによって破壊されたように、中国共産主義によって、古代より独立を守り続けて来たチベット国が侵略され、伝統仏教が破壊されてしまったのです。

私の師、タルタン・トゥルク・リンポチェは破仏を逃れてブータンに亡命し、その後インドに亡命されました。彼はチベット仏教が破仏されていった状況を目の当たりにした世代です。インドに亡命後、師はダライラマ法王からの要請でベナレス・サンスクリット大学で教鞭を執る中で、西洋に仏教を伝えるという請願を起てました。そして、タルタン・トゥルク・リンポチェの師であるジャムヤン・キェンツェ・チョキロドの教えと予言を守るため、一九六八年にアメリカへ渡りました。師はアメリカという新世界に、失われた仏国土ウッディヤーナを再現したいという菩薩のビジョンを持ち、アメリカ大陸の北西にあたるカリフォルニアの地にダルマの根を下ろしたのでした。西洋にウッディヤーナを復活させたいという彼の菩薩の誓願により、一九七五年以来広大な山中に、生徒やボランティアたちの手で寺院建築が行なわれています。

タルタン・トゥルク・リンポチェの教えの本質には、「ダルマを形に顕す」という伝統的なスタイルが守られています。そして、アメリカのプラグマティズムという移民精神や西部開発の元になった実践思想が、彼のチベット仏教の伝統的実践哲学と出会うことで、仏法の顕現である立体曼荼羅として巨大なオディヤン寺院が、現代に顕現したのです。

タルタン・トゥルク・リンポチェは常に、現代社会において「菩薩」という生き方の重要性を強調しています。ニンマ派には、僧侶の道と社会の道という二つの生き方が説かれていますが、師はこの社会の中で、菩薩として生きる道を選びました。世間の人々と同じことをする「同事」と、世間にいても世俗の欲に染まることなく利他を行なう「出離」は矛盾するものではなく、むしろ「同事」と「出離」は、菩薩にとって社会の中での重要な指針となっています。

「ダルマを形に顕す」「ダルマのために働く」というタルタン・トゥルク・リンポチェの生き方には、大乗仏教の実践精神が凝縮されています。

一九八九年よりタルタン・トゥルク・リンポチェの呼びかけにより、インドの釈迦成道の地ブッダガヤにおいて、一万人のチベットラマ僧らによる世界平和セレモニーが毎年行なわれています。亡命チベット人や中国領チベットからヒマラヤを越えて参加する僧侶や在家の仏教徒数万人によって、毎年陰暦十二月の十日間、世界平和の読経が響きます。祖国をなくしチベット仏教文化の危機

モンラムチェンモ／ブッダガヤ世界平和セレモニー

中央：ペノル・リンポチェ
右　：タルタン・トゥルク・リンポチェ
左　：タクルン・ツェトゥル・リンポチェ

釈迦成道の地ブッダガヤ
一万人のチベットラマ僧らによって
平和を祈るセレモニーが毎年行なわれている。

的な状況に光を投げかける、このブッダガヤ世界平和セレモニー（モンラムチェンモ）は、チベット人のみならず世界中の仏教徒にとって、現代における大乗仏教復興運動の貴重な光として広く受け留められているのです。

菩薩とは、神でもブッダでもなく、仏像でも空想でもない、実在の存在であるべきです。それは、仏教徒にとっての目指すべき目標であり、手本なのです。私達仏教徒は、良き手本を道標にして、自らの生き方を正す手段を持っています。それは、二千五百年の仏教の歴史の中で守り伝えられて来た膨大な経典や論書などの教えとして、また時代時代の師達が直接指し示してくれた教えとして、今も息づいているのです。

特に、大乗仏教における菩薩の実践は、学問と共に実生活の中で生きる道を大切にしています。観世音菩薩の慈悲の光は、時代を越え民族を越えて、インド、中国、チベット、朝鮮、日本と全ての仏教徒達に最良の手本として、親しまれてきました。観世音菩薩の存在は、大乗の慈悲の心を育んで来たのだと言えます。また、輪廻に苦しむ人々の心に安らぎと優しさを与えてくれる大いなる存在が、実在するのだと実感することができるでしょう。

私達は仏道を一歩一歩、歩み、観世音菩薩を良き手本とし道標とすることで、私達の心の中に、観世音菩薩の精神を宿すことができます。観世音菩薩とは、どこかの遠い存在ではなく、私達の生き方と行ないによって、その精神をそのまま自分のあり方として体現することができるのです。

この本は、私が師タルタン・トゥルク・リンポチェより二十五年に及ぶ師弟の中で学んだ大乗の教えを、つたない理解ですが一冊の本に書き記したものです。一人でも多くの人が、仏道の尊さに気付き、正しいブッダの道に導かれますことを祈っています。ブッダの貴重な教えが次世代に、さらに次世代へと受け継がれてゆくことを心から祈ります。

林　久義

ཨོཾ་མ་ཎི་པདྨེ་ཧཱུྃ

第一部
仏道の基盤

第一章　三宝帰依

五濁悪世での三つの避難処

現代社会をブッダの視点で見るならば、今の社会は真っ暗闇な時代だと言うことができます。

仏教では、正法《しょうほう》、像法《ぞうほう》、末法《まっぽう》という時代区分があります。正法とは、ブッダの教えが生きている時代です。五百年間続くと言われています。像法の時代は、人々はブッダの教えを理解することができないが、仏像や仏画として表されたブッダのイメージが力を持ち、衆生《しゅじょう》を救うことができる時代です。五百年、もしくは千年続くと言われています。末法は人々がブッダの教えも理解できず、また仏像にも何の価値も意味も見いだすことができない時代と言われていま す。これもまた、五百年もしくは千年続くと言われています。

現代は仏教の時間で見ると、まさに末法の世であり、五濁悪世《ごじょくあくせ》という汚れた時代と言われています。五濁悪世の世の中は、カリユガ、暗黒の時代と呼ばれ、五つの汚れに満ちています。

一、劫濁（ごうじょく）　戦争や飢餓や病気が増える時代の濁り
二、見濁（けんじょく）　思想の乱れ
三、煩悩濁（ぼんのうじょく）　煩悩がはびこる
四、衆生濁（しゅじょうじょく）　衆生の資質が低下する
五、命濁（みょうじょく）　衆生の寿命が短くなる

無明《むみょう》の暗黒時代の中で、「地位」「金」「名誉」という世俗の宝は、何の価値もなく、それらはやがて消え失せてしまう虚しいものです。私達は、真っ暗闇の無明の世界の中で、何かにかき立てられるようにもがき続け、あちらの隅で頭をぶつけ、こちらでは誰かとぶつかり、諍いが起こり、苦しみと不安の中で一生を閉じてゆきます。

無明の暗黒時代においては、ブッダの光を拠り処とし、五濁悪世の世の中に、生きる上での中心と基準をしっかりと持つことで、道に迷うことなく、真っ直ぐ歩いてゆくことが出来ます。このような時代の中で、私達が唯一救われる可能性は、ブッダの存在を生きる上での基準とすることです。

それには「ブッダ、ダルマ、サンガ」の三つの宝、この拠り処に「帰依《きえ》」をすることです。私達仏教徒にとって一番大切なことは、まず人生を歩む上で正しい「目的」と「手だて」を明確に持つことです。これ以外に、真の「幸福」はありません。

仏道の師が仏法を説く時には、必ず「三宝《さんぽう》帰依《きえ》」を唱え、その重要性を確認し合い、ブッダの教えの本質を説き始めます。日本の仏教に限らず、インド、チベット、中国、韓国、東南アジア、スリランカなど、全ての仏教徒は、「ブッダ、ダルマ、サンガ」の三つの宝を拠り処とするこの「三帰依文《さんきえもん》」を唱えます。

それは、三つの拠り処、帰依の気持ちを表し、次のように唱えます。

ブッダ（仏）に帰依します。（ブッダン　サラナム　ガッチャンミー）
ダルマ（法）に帰依します。（ダンマン　サラナム　ガッチャンミー）
サンガ（僧伽）に帰依します。（サンガン　サラナム　ガッチャンミー）

この「帰依」の真の意味を理解することは、仏道を歩むものにとって非常に重要です。普通、私達現代人が「帰依します」と聞くと、自分を何かに、または誰かに預けてしまうというようなイメージを持ちます。また、「ブッダに帰依します」というと、仏像や仏画という何か目に見える形あるものを、「拝む」というイメージを持ちます。

しかし、本来の「三宝帰依」の意味は、そのようなものではありません。帰依処、拠り処とは、私達が住む無明の世界、苦しみの世界から逃れることのできる避難処と理解する方が良いでしょう。

嵐や雷の時には、誰もがどこか安全な場所に避難するでしょう。お釈迦様はこの世界は苦しみに満ちていると説かれました。私達は災害に遭ったときには安全な場所に避難するように、暗黒の世の苦しみから逃れるために、安全な避難処が必要です。「仏法僧に帰依する」という意味は、心にしっかりとした避難処を持つということだと言えるでしょう。

私達が山に登ろうとする時には、必ず正確な地図を持ち、山に登る装備をちゃんと整え登ります。また、どこからどこに登ったらいいのかという目標をはっきり定めて、さらにはその山を良く知っている人と共に登って行きます。このように「山登り」と「仏法僧に帰依する」ことは、ある意味では目的や手段のあり方がよく似ていると言えます。

ブッダに帰依します

「ブッダに帰依します」とは、ただ仏像に手を合わせるということではありません。それは、自分の生きる目標をはっきり定めるということです。ブッダの教えは、目標がはっきりしています。仏道修行の目的とは、神になることでもなく、不老長寿を得ることでもありません。その目的は、無明を晴らす事です。無明とは煩悩《ぼんのう》の根源ですので、煩悩を晴らし智慧ある状態になること、「明知《みょうち》」を得るということが、仏道の最大の目的なのです。

ブッダとは、覚者、目覚めた者という意味です。無明の暗闇を晴らし、人間としての完成された存在が、ブッダであるということが言えます。そのブッダという完成された存在を、生きる上での目標とすることが、「ブッダに帰依します」の真の意味です。自分の生きる目標がはっきり見えたなら、後はその目標に向かって正しい道を歩むことです。

二千五百年前、ゴータマ・シッダルタという実在の人間が、苦しみを乗り越え、「ブッディー（覚醒）」を得ることができ、「ブッダ」という完全なる存在、「目覚めた人」、「釈迦牟尼仏陀」となられました。その事実こそが、私達人類に示された可能性でもあるのです。その後にも、ブッダの覚醒を得られた人々、例えば、ナーガルジュナやアサンガ、バスヴァンドゥ、そしてパドマサムバヴァを始めとする八十四人の成就者《じょうじゅしゃ》など、ブッダの位《い》を得た人々は仏教史上、驚くほど数多く出現しています。

私達も修行によって「ブッディー」を得ることが可能なことを、お釈迦様や多くの成就者たちが自らの体験を以て証明されています。このような完全なる人間の状態を人生の目標にすることが、「ブッダに帰依します」という意味です。仏像に手を合わすことだけではないのです。生きる上での自分の目標は、ブッダに成るという目標を持つことが、本来の「ブッダに帰依します」の正しい意味なのです。

ブッダの教えでは、私達は無明の中で、煩悩というカルマの働きが生み出す実体のないイメージに捕らわれ、仏性という存在の本質、または光の根源を見ることが出来なくなってしまっていると説かれています。無知によって苦しみが生じ、煩悩を投影したイメージの世界に閉じこめられてしまい、自我が作り上げた終わりのない輪廻に落ちてしまいます。つまり、無知と無明を晴らすことによって、本来の心の光明なる本質を取り戻すことが、この「ブッダに帰依をする」という意味なのです。

私達は、限りない可能性を秘めた人間として生まれたのですが、自らの心の本質を知ることなく、また求めることもなく、浮き世を彷徨っています。私達の人生の目的、生きる意味とは何なのでしょうか？　私達の生命、意識は、何に向かっているのでしょうか？　宇宙の中でも希な地球に生まれた本来の目標や目的は何なのでしょうか？　これらの疑問を考えたときに、生命の根元的な意識に向かっていく自然な衝動が、私達の一つの生き方としての歩む方向性なのだと気が付きます。

私達の「命」が生きる目的は、光の存在を得るために、いや、元々「命」とは光の存在なのだと知ることなのだ、と言うこともできます。

この重要性に気付いた時、「金と地位と名誉」という世俗の三つの宝が、全く虚しい意味のないものに見えてきます。その時、世俗の三宝に対して、「ブッダ・ダルマ・サンガ」という精神の三つの宝の有り難さに気づきます。

これが、「ブッダに帰依をする」という本来の意味です。

ダルマに帰依します

「ダルマに帰依します」とは、自分がどの山に登るのかという明確な目標を持つならば、正確な地図をしっかりと見て、その地図通りに正しく歩くという例えで表すことができます。

つまり、「ダルマ」とは、正しい手段に依るということです。

例えば、「私は自己流の瞑想法を編み出した」と誰かが言っても、それは仏教では「邪見」だと言われます。我見《がけん》、邪見《じゃけん》、偏見《へんけん》に陥ることなく、ブッダが説かれた「正見《しょうけん》」に基づいて学び、ダルマ（仏法）を正しく実践することが重要なのです。登山の例えは、生きる目標をしっかりと定めたならば、正しい手段と方法を以て、しっかりとブッダの道を歩くということになります。

ブッダの正しい教えは、八万四千種類あり、それらは「経蔵《きょうぞう》・律蔵《りつぞう》・論蔵《ろんぞう》」の中にまとめられています。お釈迦様が入滅され涅槃に入られた後に、お釈迦様が説かれた教えを忘れないようにと、羅漢果《らかんか》を得た五百人の弟子達が確認し合う集まり（結集《けつじゅう》）がありました。その時、アーナンダ（阿難）が「私はこのように聞きました（如是我聞）」と語ったことが、主に「経蔵（スートラ）」としてまとめられました。

「律蔵（ヴィナーヤ）」は、ブッダがサンガ（僧伽）、教団の中で述べられた、こういう事をしてはいけない、ああいう事をしてはいけないと、一つひとつの決まりや戒めをまとめたものです。その中には、薬の調合や、どのように食事をしたら良いかなど、生活の中での様々な決まりなども入っています。これは、主に弟子のウパーリ（優波離）が覚えていたものです。

「論蔵（シャスートラ）」は、後に仏教哲学として発展していった重要な論理哲学書です。この「論蔵」は、ブッダが語られた教えを後々の仏教哲学者達によって、論理的心理学的に体系立てられ、解釈され、説明されてきました。アビダルマ哲学、唯識哲学、中観哲学など仏教哲学の基盤となる書物が、この「論蔵」の中に納められています。

これらの仏教哲学体系が今に伝えられているからこそ、私達は仏教を単に信仰としてではなく、論理哲学的に理解できるのだと言えます。またこの「論蔵」こそが、実践哲学として仏教の道を歩む事が出来る重要な道標となっているのです。

お釈迦様入滅後約数百年間、口から口に語り伝えられてきたブッダの教えは、その後に経典として書き記され編纂されました。その時代時代の仏教徒達が、「経蔵・律蔵・論蔵」の八万四千種の貴重な仏典をタイムカプセルのように守り伝えてきたので、私達は今に至っても三蔵の教えをお経として読むことが出来るわけです。

中国や日本には漢訳の「大蔵経《たいぞうきょう》」が伝わり、チベットにも「チベット大蔵経」

が伝わっています。また、タイやスリランカの上座部仏教には、「南伝大蔵経」が伝わっています。「経蔵・律蔵・論蔵」を合わせて、三蔵《さんぞう》（トリピタカ）と言います。この三蔵の教えを全て学んだ人が、三蔵法師と言われます。

仏道を歩む上で必要な事は、正しいブッダの教えを検証することです。まず第一に、「煩悩《ぼんのう》」「縁起《えんぎ》」「空性《くうしょう》」「慈悲《じひ》」など、ブッダが説かれた教えが何なのかを検証する学習が必要です。しかし、学習だけでは充分に検証は出来ません。学習したら必ずそれを実体験して、腹に落とすという実存的な検証法が必要になってきます。それが実生活の中での修行であり、ダルマの道なのです。

サンガ（僧伽）に帰依します

三番目の「サンガ（僧伽）に帰依します」とは、仏道を共に歩む仲間を大切にするという意味になります。自分一人でブッダの道を歩むのではなく、生きとし生けるもの全ての衆生と共に、道を歩いて行こうということです。独りぼっちでは、道に迷ったり足を踏み外したり、歩けなくなったりと、様々な困難に出会い挫折してしまうことでしょう。正しい目標を持ち、苦しみを乗り越える正しい手だてに従って教えを学び、みんなと共にブッダの道を歩いて行くことこそ、ブッダの心の神髄なのです。その為に、私達は同じ目標を持った人たちと励まし合って、ブッダの道を歩き始めます。

「サンガ（僧伽）」は、戒律《かいりつ》を守り、修行を行なう者の集まりです。上座部仏教（小乗）でサンガとは、出家し世俗から離れ、お寺の中で修行生活をする集団のことです。

しかし大乗では、「サンガ」は世間の中にあります。人々が四苦八苦する娑婆《しゃば》世間の中にいながらも（同事《どうじ》）、大乗仏教徒は世俗の塵にまみれることなく、世俗の価値観から離れ、仏道修行の大切な慈悲を行なうこと、「利他《りた》」に努めること、これを「出離《しゅつり》」と言います。大乗の視点では、生きとし生けるものの全てが住む場所にサンガが発生しますので、仏縁があり、ブッダの光が届いた瞬間にサンガの芽が現れます。

仏教徒にとってこのような生き方が、三帰依文の本来の意味です。

四諦八正道

ブッダは苦しみの世から逃れるためには、まず苦しみの本質を知って、その苦しみを滅し、正しい行ないをすることが一番重要であると、初転法輪《しょてんほうりん》で「四諦八正道《したいはっしょうどう》」という教えを説かれました。

初転法輪の教えの内容は、「四諦八正道」です。「苦《く》・集《じゅう》・滅《めつ》・道《どう》」、この四つを四諦《したい》と言います。四諦とは、四つの真理という意味です。四つの聖なる真理は、お釈迦様が「苦諦《くたい》、集諦《じゅうたい》、滅諦《めったい》、道諦《どうたい》」として悟られたことが、初転法輪の一番の核心となる部分です。

まず一番目は、この世の中、この人生は苦しみであると理解する「苦諦」という苦しみの原因を提示します。そして「集諦」は、この人生、この世の中、この社会は苦しみに満ちていると認識すべきであると、視点を広げます。

「苦諦、集諦」の二つは、今の現状を深く認識することを示しています。娑婆世界、そして個人一人ひとりの心も、全てが苦しみに満ちていると認識することが大切です。これを認識せずに、いくら快楽にふけっても、そこには苦しかありません。今は楽しくても次には必ず苦が付きまとうからです。

世の中の苦の本質を見つめてゆくならば、まず何が原因なのかということを知ることが重要です。その原因は無明から生じた煩悩にあるのです。世の中は無明であり、その無明から発せられた煩悩が、全ての問題の原因であるという現状認識が大切なのです。

苦しみの原因は「無明」です。そして「無明」から「煩悩」が生じます。私達の心の中は全て「煩悩」によって染められており、その因が苦しみを生じる源だと、お釈迦様は説かれました。

三番目の「滅諦」は、その煩悩を滅した状態が「涅槃《ねはん》」であり「解脱《げだつ》」である、と結果を提示します。そして煩悩を滅するためにどうしたらいいかという方法論、実際的な手だて、実践法が「道諦」で示されます。

「滅諦、道諦」は、煩悩を滅することによって、無明から脱することができ、涅槃を得ることができる可能性を提示しています。それが、八つの正しい行ない、実践である、「八正道《はっしょうどう》」です。「正見《しょうけん》、正思《しょうし》、正語《しょうご》、正業《しょうごう》、正命《しょうみょう》、正精進《しょうしょうじん》、

ブッダ成道図

正念《しょうねん》、「正定《しょうじょう》」と八つあります。

八正道の八つを順番に見てゆきます。

「正見」は正しく見る、正しいものの見方です。そして「正思」は正しい思考、考え方です。そして「正語」は正しい言葉遣いです。四番目の「正業」は、正しい行ないです。正しいものの見方ができれば、「身《しん》・口《く》・意《い》」を正すことができます。正しい行動は、身体に関することです。正しい言葉遣いは、言葉に関するもの、そして正しいものの見方は、心に関わることです。これが、八正道の最初の四つになります。

次の四つ「正命、正精進、正念、正定」は、正しい生き方、正しい努力の仕方、正しい祈り方という、実際の生活に関わってくる行ないです。そして最後の「正定」とは、正しい瞑想の仕方というものです。「正定」は「正見」に対応しています。正しいものの見方ができてこそ、正しい瞑想「正定」という実践ができるからです。

つまり、八正道の中でも一番目の正しい見方「正見」には、お釈迦様が悟られた本質が全て凝縮されていると言えます。正しいものの見方、正しい考え方、正しい言葉遣いなど、「何が正しいのか」という視点が問題になるからです。「正見」で示された正しいものの見方とは、存在を「有る」とか「無い」という極端な見方（偏見）をしないことが正しい見方と言えます。

四諦　四つの聖なる真理

苦諦　人生は苦である、という真理
集諦　苦の因は煩悩にある、という真理
滅諦　煩悩を滅した状態が涅槃である、という真理
道諦　煩悩を滅するためには八つの実践を行なうという真理

八正道　八つの正しい実践

正見　　正しい見方
正思　　正しい考え方
正語　　正しい言葉遣い
正業　　正しい行動
正命　　正しい生き方
正精進　正しい努力
正念　　正しい祈り
正定　　正しい精神統一

「三宝帰依」の中には、四諦八正道の全ての教えの意味が込められていると言うことができます。

勝義諦の三宝帰依

仏教の教えでは、世俗諦《せぞくたい》と勝義諦《しょうぎたい》という二種類の真理が同時に存在するものとして理解されています。これまでの三宝帰依の仏法僧の意味は、世俗諦としての真理です。世俗諦に対し、勝義諦という究極の真理が説かれ、二つの真理の重要性が強調されます。

二諦
世俗諦　世俗の立場での二元的な真理
勝義諦　般若の智慧が働く究極的な真理

この世俗諦と勝義諦の違いは何か。世俗諦とは、簡単に言えば「私」と「あなた」、「私」と「世界」、「私」と「対象」という相対的二元的な関係です。「主体」と「客体」という二元の世界が、世俗諦です。

一方で、勝義諦とは、一般的には、その「私」と「あなた」、「私」と「世界」を乗り越えた状態のことです。二元を越えたものは「絶対」と理解されますが、仏教ではそれを「絶対」とは捉えません。

それを「不二《ふに》」と言います。二つでもなく一つでもない状態。この「二元」と「不二」という関係性は、「般若《はんにゃ》と方便《ほうべん》」「智慧《ちえ》と慈悲《じひ》」として示され、この二元性を乗り越えた次元を理解することが、仏道を歩む上での最も重要なテーマとなっています。まさに、「般若心経」の中で説かれる「色即是空、空即是色」の理解がここにあります。また、中観哲学にとって世俗諦と勝義諦の二諦は、「空性《くうしょう》」を理解する上での重要なポイントでもあります。

次に、勝義諦の視点からの「三宝帰依」の意味を見てみましょう。
「仏に帰依します」という意味は、世俗諦ではブッダという生きる上での「目標」を持つことですが、勝義諦では、どのような対象も作り出しません。勝義諦の視点では、二元的な関係性を乗り越えます。ブッダという対象を求めるのではなく、自分の心の本質の中にある「仏の種」、「仏性《ぶっしょう》」に気付くことが重要になります。ブッダに合掌するということは、自分の心の中にある「仏性」に手を合わせることになります。「私は仏教徒ではないから、手なんか合わせる必要はない」という人は、自分の心の中に存在する自らの仏様に気付くことが出来ないのです。私達が自分の心の中の仏様を拝むことが出来れば、他人の心の中にいる仏様を尊重することも自然に出来ます。

この仏様とは、お釈迦様や阿弥陀様の様なブッダの姿形をしているのではなく、自分がブッダに成ることが出来る可能性の種、「仏性」なのです。ですから、勝義諦の「ブッダに帰依します」という意味は、自分自身の「仏性」を認識することになります。そして、「仏性」自体も勝義諦の視点からは何も実体がない「空」なる性質を宿しています。

勝義諦での「ダルマに帰依します」とは、八万四千種類のブッダの教えのエッセンスである「空性」を理解することです。「般若心経」の中で説かれる「色即是空、空即是色」の「空性」の意味を、本当に理解することが仏教徒にとっての一大事であり、一生かかって理解すべき究極の目的なのです。それが「ダルマに帰依します」と言い表します。ブッダが説かれた八万四千種類全ての教えの本質は、「空性」「シュンニャーター」なのです。

三番目は、勝義諦の「サンガに帰依します」の意味です。世俗諦では、出家教団のサンガのことであり、大乗では衆生、生きとし生けるものだと、先に述べました。しかし勝義諦では、「全ての現れ、現象」と理解することができます。「現れ」というのは目に映るもの、眼球に映るものです。しかしそれだけではなく、音に聞こえるもの、匂うものなど、五感で感じ取られるもの全てが現れです。五感で感じられるもの全てが、「サンガ」の意味であると言えます。「空性（空）」と「現象（色）」は一体であるという「色即是空、空即是色」の意味の本質でもあります。

つまり、勝義諦での「ブッダ、ダルマ、サンガ（仏法僧）」とは、「仏性」「空性」「現象」と捉えることが出来ます。

「三宝帰依」の中には、仏教の本質、エッセンスが全て含まれています。インド仏教の時代からスリランカや東南アジアに伝わった南伝仏教、中国、チベット、朝鮮、日本などに伝わった北伝仏教の歴史を紐解くと、この「ブッダ・ダルマ・サンガ」という三つの宝、拠り処を正しく理解することができた時に、仏教の本質的な理解に繋がると言われています。

第二章　菩提心

仏道を歩き続ける原動力

仏道を歩む上で最も重要なことは、三宝に帰依をすることです。末法の暗闇の中で、三宝を拠り処として、生きる基準を持つことができれば、どのような困難や苦しみに遭遇しても、必ずや道に迷うことなく正しい仏道を歩き続けることができます。

大乗仏教では、仏道を歩き続ける原動力、「菩提心《ぼだいしん》」の重要性を説きます。大乗仏教と上座部仏教の大きな違いは何かと問われるならば、この「菩提心」に重きを置くかどうかと答えることができます。上座部は自分自身の解脱の境地「阿羅漢《あらかん》」の位《い》を目指しますが、大乗は自らの解脱を求めることなく、衆生の救済、利他を目的とする、「菩薩《ぼさつ》」を目指します。大乗の仏教徒は、これを全ての衆生が乗れる大きな乗り物、「大乗」と呼び、それに対し、自分だけの救いという乗り物を目指す上座部を小さな乗り物、「小乗」と呼びました。上座部仏教は出家の「僧侶」になることで「阿羅漢」の位を目指すのに対して、大乗仏教では世俗の「在家《ざいけ》」のままで、「菩薩」としてこの世俗に留まり、衆生の救済、利他に務めます。

一般にチベット仏教、特に密教というと、何か世間とかけ離れた神秘的なイメージがあるかもしれませんが、実はチベット密教は大乗仏教そのものです。大乗仏教と密教は全然違うものではなく、密教は大乗仏教の内にある教えなのです。ですからチベット仏教を勉強する人は、まず大乗仏教を勉強しなければなりません。大乗仏教が充分理解できないと、その核心である密教が分からないとさえ言われます。チベット仏教のラマ僧の元へ、密教を勉強させて下さいと入門すると、まず大乗仏教を勉強しなさいと言われます。そして、三宝に帰依をすることを学び、次に自らの心の中に「菩提心」の気持ちを起こし「慈悲《じひ》」を実践する修行を始めることを指導されます。

「菩提心」とは、自分自身が世俗の欲を求めることなく、ブッダの悟りを求めて修行の道を歩き続けようという前向きな気持ちです。そして、自我を捨てて他者を利するために人生を捧げる行為、「利他行《りたぎょう》」を行なうことを大切にします。自分自身の悟りを求めるのではなく、他者のために行なう利他の行動を実践する人を「菩薩（ボディサットヴァ）」または、「菩薩摩訶薩《ぼさつまかさつ》（ボディサットヴァ・マハーサットヴァ）」と呼びます。

例えば「観世音菩薩」は「一切の法（存在）は去ることも、来ることもない」と理解しながら、輪廻に迷い苦しむ衆生を救うため「慈悲」を持って他を利しておられる存在です。

また、ヒンドゥー教と仏教の教えの何が一番違うかと言うと、ヒンドゥー教では、真我《しんが》（プルシャ）という純粋な我（アートマン）というものを認めますが、仏教では真我というものを認めず、無我《むが》（アナートマン）と理解します。ですから無我の立場から見れば、私達が自我を持って苦しんでいるのは当り前であり、その実体のない自我を乗り越えるために、発菩提心という大きなエネルギーが大切であると説いているのです。

自分自身の悟りを捨て他者のために働く「菩薩」にとって、一番大切なことは、正しい心構え、正しい動機を持つことです。ブッダの心と言葉と行動を理解して、ブッダと同じ行動を行なうことで、ブッダと等しい存在に近づくことができるのです。

六波羅蜜

菩提心に目覚めた菩薩は、利他心を行動として表すという誓願を保ち、衆生の救済を行ないます。「六波羅蜜《ろっぱらみつ》」と言われる実践徳目は、菩薩の修行にとっての大切な行動規範です。それには、「布施波羅蜜《ふせはらみつ》、持戒波羅蜜《じかいはらみつ》、忍辱波羅蜜《にんにくはらみつ》、精進波羅蜜《しょうじんはらみつ》、禅定波羅蜜《ぜんじょうはらみつ》、般若波羅蜜《はんにゃはらみつ》」の六つがあります。

六波羅蜜　菩薩の六つの実践行

布施波羅蜜　自我の放棄、他者への寛容、与えること

持戒波羅蜜　悪を止め、善を行なうこと（十善戒）

忍辱波羅蜜　感情を自制し、苦難に耐えること
精進波羅蜜　困難な状況を乗り越える気力と根気をもつこと
禅定波羅蜜　心を統一し、安定させること
般若波羅蜜　禅定によって得られる無分別智を認識すること

一番目の「布施波羅蜜」というのは他者に財や心の安心を「施《ほどこ》す」という実践徳目です。それは、「何でもお布施をいっぱいしなさい」という意味ではありません。本来の「布施」の意味は、自分の自我や執着を放棄し、他に施すことなのです。自分が所有するものに執着せず、それを他に施すことで自身の心の中にある執着心を放下《ほうげ》します。

自我が執着している所有物を他に施し、自らの所有欲や我欲、執着を断ち切ることを「財施《ざいせ》」と言います。一方、他者の自我や苦しみを聞いてあげて、「あなたの苦しみはブッダの視点や教えで言うとこうですよ」と示す布施の仕方があります。苦しみを取り去り、楽を与えること（抜苦与楽《ばっくよらく》）、これを「法施《ほうせ》」と言います。

「布施波羅蜜」は、寛容の心を養うことです。他者に対しての思いやりや優しさを分かち合い、自己を放棄する心が寛容さなのです。

二番目の「持戒波羅蜜」は、自らの心を自制し、間違った言動や邪しまな心を起こさないようにすることです。持戒には、十種あります。

十善戒

一、不殺生《ふせっしょう》　殺さないこと
二、不偸盗《ふちゅうとう》　盗まないこと
三、不邪淫《ふじゃいん》　間違った性行為をしないこと
四、不妄語《ふもうご》　嘘をつかないこと

五、不《ふ》綺《き》語《ご》　くだらないおしゃべりをしないこと
六、不《ふ》悪《あっ》口《く》　罵らないこと
七、不《ふ》両《りょう》舌《ぜつ》　仲たがいさせることを言わないこと
八、不《ふ》貪《とん》欲《よく》　欲しがらないこと
九、不《ふ》瞋《しん》恚《に》　意地悪をしないこと
十、不《ふ》邪《じゃ》見《けん》　偏見を持たないこと

これらは、「十重禁戒《じゅうじゅうきんかい》」とか「十善戒《じゅうぜんかい》」と言われ、身体、言葉、心をコントロールするための、道徳規範を示しています。

「殺すな、盗むな、犯すな」という最初の三つは身体に関することです。他者の身体を傷つけること、犯すことを戒めています。「嘘をつくな、おしゃべりをするな、人の悪口を言うな、仲たがいさせる言葉を言うな」などの次の四つは、言葉に対する戒めです。自覚ある言葉を保ち、他者の気持ちに立って言葉を選ぶことの重要性を説いています。最後の三つは、心に対する戒めです。「他のものを欲しがるな、意地悪をするな」は、自身の心のあり方を戒めています。中でも最後の「偏見《へんけん》をもつな」とは、極端な考えや我見に捕われずに、正しいブッダの視点（正見《しょうけん》）を保つことです。これら「十善戒」は、自分と他者との関係を、最善なものに保つ判断基準なのです。

三番目の「忍辱波羅蜜」とは、堪え忍ぶということです。仏道を歩む菩薩にとって、世間は忍土《にんど》という耐え忍ばなければならない世界です。また忍耐は、心の中にはびこる怒りや愛欲といった毒を制する手だてでもあります。忍耐を持って娑婆世間の中で生きることで、煩悩に揺らぐ心を自制し、自らを正しく律することができ、やがては忍耐が心に静寂をもたらす徳ある行為ということが理解できます。「忍辱波羅蜜」は、心を深く観察することができる、とても大切な実践です。

四番目の「精進波羅蜜」は、仏道修行の中で起こる様々な困難を堪え忍び、一生懸命に修行に励むことです。娑婆忍土という世間の中で、諦めることなく一歩一歩菩薩の誓願を一生懸命頑張ることが、「精進」することです。精進とは、「根気」「努力」ともいうことができます。私達の心の中には、怠け心というマイナスの力があります。精進は、怠惰、無気力、眠気といったマイナスの心の働きを、正しい方向に修正する力を持っています。

世間という娑婆忍土には、あらゆる所に困難な状況が存在し、あちらこちらに落とし穴がいっぱいあります。「精進波羅蜜」は、このようなマイナスの力を溶かし去り、全ての状況をブッダの意識へと導く強力な力を秘めています。この「精進」という一心不乱に打ち込むエネルギーが一番重要なものなのです。お釈迦様は「サイの角の如く一人歩め」と励ましておられます。

五番目は「禅定波羅蜜」です。これは、正しい瞑想を行なうことです。仏道の瞑想と仏教以外の瞑想には、基盤となる視点に根本的な違いがあります。
それは、存在の本質をどのように理解するのかという問題です。ブッダの視点では、「全ての存在には、何の実体も無く、全ては縁に依って生じ、縁に依って滅する」という「縁起《えんぎ》」が説かれています。仏教にとって瞑想とは、神の声を聴くことでも宇宙人と会話をすることでもないのです。つまり、仏教による瞑想とは、この「縁起」を観ずることであり、「縁起」をさらに深めた「空」を観ずることなのです。

仏教瞑想の基盤は、伝統的にはシャマタ・ヴィパシャナー（止観《しかん》）の二つの瞑想法が伝えられています。シャマタ（止）とは、心を静め、深い意識の層に辿り着くことが出来る瞑想法です。ヴィパシャナー（観）は、心を注視し、分析することで、存在の本質を捉える洞察力の瞑想法です。これらの瞑想法によって、世界は創造主によって造られたものでも虚無でもないと理解することができ、そして、色形として顕れている全ての存在には実体がない、という空性の理解へと導かれてゆきます。

六番目は、「般若波羅蜜」です。この「般若波羅蜜」が仏教のエッセンスです。先の「三宝帰依」の勝義諦の視点が、般若波羅蜜の智慧でもあります。般若の智慧とは、「有」と「無」の二元を越えた不二なる「空性」の視点を指しています。全ての存在は、いかなる実体も存在することのない「空なる性質」を持ちながらも、それは同時に現象化しているのです。

私達の心の働きも、妄想や概念、感情といった限りない思考として顕れてきますが、その本質には何の実体もないことが、「般若波羅蜜」の自覚の中で理解することができます。

「六波羅蜜」と「般若波羅蜜」の関係は、手の平で表現することができると言えます。手を広げると五本の指と手の平があります。つまり、「布施波羅蜜」「持戒波羅蜜」「忍辱波羅蜜」「精進波羅蜜」「禅定波羅蜜」が五つの指で、五つの指は全て「般若波羅蜜」という手の平で繋がっています。手の平が「般若波羅蜜」という「空」なる性質を持っているからこそ、他の五つの波羅蜜も「空なる性質」を有しているのだと理解することができます。つまり、この二元性を越えた「空なる性質」を理解することなく、いくら五つの「波羅蜜」を行なっていても、それは対象を求める行為になってしまいます。「空」なる視点を持ってこそ、布施、持戒、忍辱、精進、禅定の徳目が生きてくるのです。

例えば、「私は一生懸命に修行を行っているのに、何も達成できていない！」「一生懸命努力して修行すれば、何か得られるに違いない！」と、考えることがあります。しかしこれでは、修行の結果を求める二元的な思考から解放されることなく、むしろ輪廻と涅槃という新たな二元論の中で、もがき苦しむことに他なりません。これでは、般若波羅蜜が説く「空」の意味を全く理解することができません。

「自分と対象」、「輪廻と涅槃」という二元的な世界観には解放はありません。主体と客体を生み出す自我を超えた「不二なる意識」が「般若波羅蜜」なのです。「手を放すこと」とは、まさにこの「手の平」の「般若波羅蜜」を見つめることなのです。「六波羅蜜」では、この「般若波羅蜜」を自覚するために、方便《ほうべん》修行として他の五つの波羅蜜を実践します。

「六波羅蜜」は、自分が世間の中で衆生と共に、どのように関わって行くべきなのかを示した仏道修行者にとって大切な行動徳目です。これを理解することができると、「空性と慈悲」「智慧と方便」というブッダの深い教えが日常の生活の中で理解できるようになってきます。

七世紀に、インドの大学僧シャンティ・デーヴァ（寂天）が説かれた『入菩《にゅうぼ》提行論《だいぎょうろん》（ボディーチャリヤーヴァーターラ）』には、菩薩の実践徳目であるこの「六波羅蜜」を修行するための方法が詳しく書かれています。このシャンティ・

デーヴァの教えは、チベット仏教のあらゆる宗派で学ぶべき重要な書物です。

四無量心

日常生活の中で「六波羅蜜」の修行を行じてゆくと、自我の働きが弱まり、肩の力が抜けてリラックスできるようになってきます。そして、「菩薩」としての生き方が生活の中に根を張り、あらゆる困難は慈悲や方便の働きを以て、調和ある世界の中に満たされた意識として広がってゆきます。

そして「菩薩」は、さらなる道を歩み始めます。

それは、「四無量心《しむりょうしん》」という、世間に対しより積極的に関わろうとする、実践徳目です。「四無量心」は、「慈悲喜捨《じひきしゃ》」という四つの行動徳目です。仏教ではまず「捨」の修行から始めます。

四無量心

慈《じ》　他に楽を与えること
悲《ひ》　他の苦を除くこと
喜《き》　他の楽をよろこぶこと
捨《しゃ》　他を自分と等しく見ること

「捨」とは、全てを捨て去るという意味になりますが、むしろ自我の執着や固執、偏見を捨て去ることが重要になります。この我執を捨て去ることができると、全ての物事を平等に見る事ができます。私とあなた、どっちが偉いか、どっちが劣っているかと、上下左右と相対する視点ではなく、全てに対して平等の視点と感覚が起こってきます。これが「慈悲喜捨」の「捨」です。

全ての物事を平等に見る視点と行動が確立できると、他者を心から敬うことができ、相手の「仏性」を尊ぶことができるようになります。そうすると、ますます自分の「仏性」が輝いてきます。つまり、世間を尊び、自分自身に対して、また他者に対して「喜び」に満ち溢れた感覚が湧き起こり、腹の底からリラックスした歓喜の気持ちが湧いてきます。「喜び」の中で、自と他の境界がほとんど薄れてくるのです。これが「慈悲喜捨」の「喜」です。

「喜び」に満ち溢れ、何をするにも嬉しくて、何を見ても光輝いて楽しいという心の状態に安楽することができると、逆に二元論に落ち込み、自我に囚われている人を見たときに、「ああ、可哀そう」「なんとかしてあげたい」「手を差し伸べてあげたい」と、本来の深い菩提の気持ちが湧き起こってきます。これが「慈（慈しむこと）」と「悲（悲しむこと）」です。

この「慈」と「悲」、そして「喜び」「捨（平等心）」の「四無量心」が、世間の中で苦しむ衆生に菩薩が手を差し伸べる重要な原動力であると知ることができます。

菩薩の十地

観音様はまさに、この「慈悲」が顕現した存在であるということが言えます。菩薩の修行徳目の「六波羅蜜」に「四無量心」を足した十の「菩薩」の行為が、そのまま「菩薩の十地《じゅうじ》」という修行段階になっています。一段階目から「布施・持戒・忍辱・精進・禅定・智慧」と進み、「捨・喜・悲・慈」で、十段階になります。

菩薩の十地

一、歓喜地《かんぎじ》　菩提心の生起の喜びを知る段階

二、離垢地《りくじ》　一切の汚れを離れた段階

ཨོཾ་མ་ཎི་པདྨེ་ཧཱུྃ

三、発光地《ほっこうじ》　諸法の本性に対する洞察力である知的な光を得る段階
四、焔慧地《えんねじ》　全ての煩悩と無知を焼き尽くす菩提の炎を得る段階
五、難勝地《なんしょうじ》　如何なる感情や誘惑にも打ち負かされることのない段階
六、現前地《げんぜんじ》　ここにおいて般若と直面する段階
七、遠行地《おんぎょうじ》　方便に関する智を得る段階
八、不動地《ふどうじ》　何者にも動かされることのない段階
九、善慧地《ぜんえじ》　智慧の獲得により衆生へ恩恵を与える段階
十、法雲地《ほううんじ》　完全な智慧と大慈悲を得、菩薩が仏陀となる最終段階

十段階目の菩薩の十地、「法雲地（如来地《にょらいじ》）」（完全な智慧と大慈悲を得、菩薩が仏陀となる最終段階）と呼ばれる最高の地に達した菩薩が、観世音菩薩や文殊菩薩、金剛手菩薩、ターラ菩薩など、如来と同等の悟りの境地におられます。しかし、如来地の菩薩は如来と成ることなく、菩薩として衆生の救済を続

ブッダガヤストゥーパ

けておられるのです。

私達のような凡夫でも、ひと度「菩薩の誓願」を起てるならば、初地の菩薩となります。「菩提心（発心）」を起こした初地の菩薩も十地の菩薩も、光の質としては全く同じです。初地の菩薩にとって、光の性質を深めていくことが修行です。その光が小さいかどうかは問題ではありません。私達が菩薩の初地として仏道の道を歩み始めた時、その菩薩の初地の性質と初心を大切にし、十地を歩み続け、深めてゆくことが仏教徒にとって歩むべく道なのです。一番目の初地である「歓喜地」の菩薩も、第十地の「法雲地」の観音様や文殊菩薩のような菩薩様も、その性質としては何ら変わりないと言われています。

曹洞宗の宗祖、道元禅師は、「蛍火のような初地の菩薩も、一劫を一瞬で焼き尽くす劫火のような力を持った十地の菩薩も、その菩提心の質は何の変わりもないのだ」と、『正法眼蔵』の中で述べておられます。つまり、私達のような初歩の菩薩と観世音菩薩や文殊菩薩、弥勒菩薩のような「如来地」の菩薩も、

「菩提心」の質としては全く同じ性質であると語られているのです。道元禅師の言葉は、大変、勇気付けられる有り難いアドバイスです。

菩薩の十地の道を一歩一歩進む中で「六波羅蜜」と「四無量心」の実践を行じ、菩薩の光の質を深めてゆくことが菩薩にとっての重要な修行になります。

二諦の菩提心

この「菩提心」は「三宝帰依」と同じく、世俗諦と勝義諦（二諦）という二つの理解があります。

世俗諦の見方からは、私は無明の世間で苦しんでいるから、自我を乗り越えるために「菩提心」を起こし、「菩薩」として仏道を歩み、悟りを求めます。この意識が、世俗諦の「菩提心」になります。これは自我からみた方向付けです。

しかし「空性」の視点から見るならば、私達は本来自我という主体を持ってはいません。自我とは、無明のスクリーンに映し出された煩悩の投影、イメージに他なりません。つまり、勝義諦の「菩提心」とは、「菩薩」を悟りの方向に向かわせる本質である「空性」そのものを指しています。「空性」の視点から見れば、全ての存在の本質は、分け隔てられることのない本来一つの意識としてあるので、ただその状態に留まるということが、勝義諦（不二）の菩提心の意味となるのです。

限りない大空を翔巡る鳥が二つの翼で飛ぶように、仏道修行者にとって「菩提心」は「空性と慈悲」「智慧と方便」という二諦を一つのものとすることで、遙か彼方の光の根元にまで飛び続けることができる力を秘めているのです。

第二部

仏の道

大乗の観世音菩薩

第三章　観音様のマントラ

観自在・観音・観世音

観世音菩薩は、私達日本人にとって非常に馴染み深く、最も身近な親しい存在です。また、チベットでも観音様は非常に親しまれて、お年寄りから子供まで、観音様のマントラ（真言）を唱えています。

観音様は、サンスクリット語では「アバロキテシュバーラ」、チベット語では「チェンレンジー」、日本語では「観自在菩薩」「観音菩薩」「観世音菩薩」などと訳されています。

サンスクリット語の「アバロキテシュバーラ」には、幾つかの学説がありますが、「般若心経」で有名な玄奘三蔵の訳（新訳）が一般的には知られています。三蔵法師はサンスクリット語の「アバロキテシュバーラ」を、二つの言葉で成り立っていると理解し、「アバロキタ（avalokita）」と「イシュバーラ（ishvara）」の合成語としました。「アバロキタ」とは、「観る」と言う意味です。そして「イシュバーラ」は「自在」という意味です。そこで玄奘三蔵は、「観自在」と訳しました。つまり、「アバロキテシュバーラ」「観自在菩薩」とは、全ての衆生や世界を自在に観ることができる「大いなる存在」という意味になります。

「観自在」には、もう一つ面白い視点が有ります。主客の見方の違いですが、観音様が私達を救って下さることが自在であるという意味とは逆の視点です。つまり、私達が観音様を思った瞬間、念じた瞬間に、観音様を自在に観ることができるということが言えるのです。これは、主体と客体の逆転の視点になります。観音様は、阿弥陀様と同じように私達衆生を分け隔てることなく、誰でも救おうという意志がありますし、私達も観音様に救ってもらいたいと思った瞬間に、自在に観ることができるという意味が、「観自在」なのです。
「アバロキタ」は観るという意味ですが、何を観るかと言うと「世俗の衆生、現象世界、物事をありのままに観る」ということになります。我見を挟まずに、正見として観る訳です。また、我見を挟まずに「ありのまま」に観ることが出来るからこそ、その我見で苦しんでいる人を「可哀想に」と慈悲の心で観ることが出来るのです。

「アバロキテシュバーラ」のもう一つ有名な訳(旧訳)は、「観音」もしくは「観世音」というものがあります。これは、四世紀、中央アジアのクシャ国の僧であったクマーラジーヴァが訳したものです。倶摩羅汁《クマラジュ》または羅汁《ラジュ》と漢訳されています。クマーラジーヴァは「アバロキテシュバーラ」を「観音」もしくは「観世音」と訳しています。

千手千眼觀世音菩薩

「アバロキテシュバーラ」を「観世音」と訳したクマーラジーヴァは大変うまい訳をしたと思います。クマーラジーヴァの訳にある「音」は、大変興味深い意訳であると思います。「観音」と訳されたこの「音」の意味は、大乗で言う念仏であり、密教で言うならマントラであり、観音様の名前を呼ぶことであるのです。つまり、観音様の音を唱えた瞬間に、観音様が顕れて、観て下さるのです。だから「観音様、助けて下さい」と「音」として観音様の名前を唱えた瞬間に、観音様を観ることができ、また逆に観音様が見つめて下さる訳です。「音」によって「観る」のです。そして、「音」を唱えることで「観てくださる」という意味を込めて、「観音」と訳されたのです。

また、「観世音」という訳は、「アバロキテシュバーラ」の言葉の中に、「AVALOKI（アバロキ）」の「LOKI（ロキ）」とありますが、それは「LOKA（ローカ）」、「世俗」という意味が含まれています。「世」というのは世間の「世」です。つまり、世俗で苦しんでいる衆生を、慈悲の心を持って観て下さるのです。世俗の「世」、ローカ（世界）には、仏教では六種類が存在すると説かれています。地獄・餓鬼・畜生・人間・阿修羅・天界と、様々な衆生が生きる六つの世界です。観世音菩薩は、どこのローカにも現れることができ、衆生を救うことができる慈悲と力を備えた菩薩です。地獄界であろうが餓鬼界であろうが、「観音様」とその名前を音で唱えた瞬間に、観音様は苦しみ悩む衆生の前に現れてくださるのです。

「観世音」というこの言葉の中には、凝縮された意味や次元があるのだと理解できると、「音」という意味と響きを通して、非常に奥深いマントラの次元に触れることができます。

観音経で救われる

大乗経典の中に、『観音経』というお経があります。『妙法蓮華経《みょうほうれんげきょう》第二十五品』と呼ばれています。法華経全体は二十八品（章）で出来ていますが、時代時代に個別のお経が編纂されて、最終的には二十八の章によって『妙法蓮華経』というお経にまとまりました。それまで独立して存在していた観音経を、『妙法蓮華経』の第二十五章の「観世音普門品《かんぜのんふもんぼん》」として編入したのではないかという説があります。『妙法蓮華経』を読んでみると、非常に大きなスケールのドラマで、魅力的な小説か物語を読むように引き込まれてゆきます。

その第二十五品の『観音経』読み進めてゆくと、シルクロードのイメージが浮かびます。中央アジアは、特に観音信仰が非常に盛んでした。ラクダに乗って旅をしているときに、盗賊に襲われたり、宿に泊まっていると泥棒に遭ったり、様々な危険と共に旅をします。盗賊に首を刎ねられそうになったり、どう猛な動物に食べられそうになる時もあります。そんな時、観音様の名前を唱えると救われると『観音経』に書かれています。

「観音様、アバロキテシュバーラ、どうぞ助けて下さい、救って下さい」と唱えた瞬間に救われるのです。旅の途中で、病気になった時、今にも死にそうになった時も、「観音様救って下さい」と唱えた瞬間に救われます、と言うことが『観音経』の内容です。「観音様」の名前を唱えると、あらゆる苦しみから、瞬時に大いなる慈悲によって救われると説く、観音様の方便の力を著したお経なのです。

物語の内容は非常にシンプルと思われるかもしれませんが、その思想哲学はシンプルではありません。とても深淵です。何故、名前を呼ぶだけで、救われるのでしょうか。

念仏を唱える

「観世音菩薩」「観自在菩薩」と、名前を呼ぶ、音に表すという行為は非常に重要です。ここから密教のマントラ行が発生してきました。大乗仏教でも観音様や文殊菩薩など仏様や菩薩様の名前を唱える念仏行、救いを求める行為が重要となってきます。

「南無阿弥陀仏《なもあみだぶつ》」という、阿弥陀様の念仏は、広く日本中に伝わっています。日本の観音信仰では、観音様に帰依をする「南無」を「観音様」の名前の前につけて「南無観世音菩薩」と唱える念仏が、広く日本に伝わっています。

残念ながら日本では、観世音菩薩のマントラは一般的には広まってはいません。日本には真言宗などに密教の教えとして、多くの如来や菩薩、神々のマントラは伝わりましたが、何故か「観音様」のマントラは一般的には広く伝わってはいません。日本では、「南無観世音菩薩」と大衆には広く唱えられています。また禅宗では、「観音様」のダラニである大悲心《だいひしん》陀羅尼《だらに》が唱えられています。

観音様のマントラ「オンマニペメフン」

チベット仏教では「観音様」のマントラは、非常に一般的なマントラです。チベットやモンゴルなどの中央アジア一帯のチベット仏教圏では、高僧から少年僧まで、また在家のお年寄りから子供まで誰もが、「観音様」のマントラを唱えています。

観音様のマントラは、「オン・マニ・ペメ・フン」という真言です。

「オンマニペメフン」は、チベット語の表記では、「オン・マニ・パドマ・フン」

と書きますが、チベット人が発音すると「パドマ」が短くなって「ペメ」と発音します。ですからチベット人はみんな「オンマニペメフン、オンマニペメフン、オンマニペメフン」と、みんな日がな一日、いつでもどこでも常に「オンマニペメフン」と唱えています。どこに行くのにも「オンマニペメフン」、何をやっている時にも「オンマニペメフン」と唱えています。

例えば、日常生活で奥さんが料理をしている時に、「オンマニペメフン」と唱えながら料理を作っています。旦那さんは農作業や放牧の仕事をしている時にも「オンマニペメフン」と唱え、お年寄りは日向ぼっこをしながら「オンマニペメフン」と唱え、お坊さんは朝から晩までお寺での生活の中で「オンマニペメフン」と唱えて修行しています。

「オンマニペメフン」という「観音様」のマントラは、まさに生活の一部、いや生活そのものになっています。

根本マントラ「オン・アー・フン」

全てのマントラは、「オン」で始まり、「フン」で終わると言う決まり事があります。数あるマントラの中でも一番重要な根本真言《こんぽんしんごん》が、「オン・アー・フン（OM AH HUM）」というマントラです。

この「オン（OM）」という聖音から、全ての宇宙が始まったと言われています。つまり、「オン」とは宇宙の創造の音と言われています。

「アー（AH）」という聖音は、宇宙の真理の音だと言われています。仏陀の教えは八万四千種類ありますが、その真髄は「空性」を理解する事です。その「空性」を一言で表すならば、「アー」という音になります。この空性の教えは、膨大な大蔵経の中でも般若経典類として表わされています。

「アー」という音はダルマの本質です。また、お釈迦様が菩提樹の下で悟られたときに、最初の第一声が「アー」という音だったとも言われています。この「アー」という音、ブッダの真理の音とは、仏教の教えの本質である「空性」「シュンニャーター」そのものを表す音なのです。つまり、「アー」という聖音の中に「空性」の真理全てが表されています。

「フン（HUM）」という音は、宇宙の真理が全て現象界に顕される聖音だと言われています。私達はこの現象界の中で、四苦八苦しています。つまり、「オン」という宇宙の創造から、「アー」という宇宙の真理が顕され、「フン」という聖音と共に現象化されるこのダイナミックな宇宙の中に私達は生きています。

この根本マントラの「オン・アー・フン」がベースとなり、全てのマントラがこの三つの聖音から派生しています。例えば、「オンマニペメフン」というマントラは、「アー」という真理の聖音が「マニペメ」という観世音菩薩を顕す音に変化したのです。ですから、「オンマニペメフン」は「オン・アー・フン」

と等しいのだとも言えます。他にも、金剛薩埵《こんごうさった》のマントラは「オン・ヴァジュラサットヴァ・フン」と、基本マントラの「アー」の聖音が金剛薩埵に変化します。金剛手菩薩《こんごうしゅぼさつ》のマントラは、「オン・ヴァジュラパーニ・フン」となります。この他にも様々なマントラがありますが、全てのマントラは必ずこの「オン」で始まって「フン」で終わるという決まりに従っています。「アー」という聖音は「空性」「般若の智慧」を表す音です。「アー」が空なる般若の智慧を持つ故に、方便として様々な如来や菩薩、神々という存在に変化できるのです。

また、「スバハー（SVAHA）」で終わるマントラは、女性格に付けられる聖音です。「オン・サラスバティー・スバハー」は弁財天のマントラとして知られていますが、弁財天《べんざいてん》は女性の神様ですので「スバハー」で終わっています。有名な般若心経も、「ギャーテー・ギャーテー・パーラーギャーテー・パーラーサンギャーテー・ボディー・スバハー」と女性形で終わっています。何故「般若心経」が女性形かというと、空なる般若の智慧は、全ての宇宙を創り出す女性の源、子宮から湧き起こった力と理解されていますから、「スバハー」という女性形で終わっているのです。

「マニ」と「パドマ」の観音様

観音様のマントラは、「オン・マニ・ペメ・フン」と唱えます。

「マニ」とは「摩尼宝珠《まにほうじゅ》（チンタマニ）」を表しています。この「摩尼宝珠」は、全ての願い事を叶えてくれる宝の珠です。また、「ペメ」というのはパドマのチベット語発音で、蓮の花と言う意味です。蓮の花は、全ての衆生を救うという誓願を持つ大乗菩薩のシンボルです。

一般的な観音様、聖観音《しょうかんのん》菩薩《ぼさつ》は、顔が一面、腕が四本あります。座禅を組んで一対の二本の両手に摩尼宝珠を持っておられる姿で表されます。そして、も

一面四腕の聖観音菩薩

う一対の二本の手には、左手で蓮の花を持ち、右手で水晶の数珠を持っておられます。菩薩とは、全ての衆生を地獄の底まで行ってまでも救うという誓願を持った方です。蓮の花は泥の中でも、きれいな花を咲かせます。ですから、蓮の花は菩薩のシンボルなのです。表紙の観音様の姿は、蓮の花と摩尼宝珠のシンボルで表現された一面四腕の「聖観音《しょうかんのん》」という、大乗仏教の中でも最も親しまれている観音様です。

「オン・マニ・ペメ・フン」というマントラを唱えることによって、観音様が迷い苦しむ衆生を常に観て守って下さっていることを知り、また自分自身も観音様を観ることができるのです。主体と客体、自己と対象、両者の関係が同時に音の中に存在します。「観音様」はどんな衆生にも救いの手を差し伸べ、衆生の悲しみや苦しみを観ることが出来るという慈悲の力を持っていることが特徴です。ですから、この「オンマニペメフン」というマントラには大きな慈悲の力があると伝えられています。

ちなみにチベット仏教の中でも、ニンマ派（古訳派）では「オンマニペメフン」の後に、「フリー」と加えて「オン・マニ・ペメ・フン・フリー」と唱えます。マントラの最後に「フリー」（キリーク）という「阿弥陀如来《あみだにょらい》」を一語で表す「聖音」を付け加えます。梵字《ぼんじ》では「キリーク」と発音されますが、チベット語の発音では「フリー」と聴こえます。「観音様」のマントラを通して、阿弥陀様の浄土に生まれたいという願いが込められています。

もう一人、衆生を救う役割を持った重要な菩薩がおられます。

「ターラ菩薩（多羅、救度母）」です。「ターラ菩薩」は、女性の菩薩です。

ある時、観音様が全ての衆生を救い尽くして、これからブッダの世界に行こうとした時に、後方の遠くの方で微かに泣き声が聞こえました。何かと思い振り返ると、遙か彼方に未だに救われることなく「助けて下さい」と苦しみの声を発する衆生が大勢いたのでした。「あぁ、可哀想に」とその衆生を思って流された涙が「ターラ菩薩」に変化したと言われています。「ターラ菩薩」は、慈悲の目で全ての衆生を見て、救いの手を差し伸べる愛溢れる女性の菩薩です。

「ターラ菩薩」は観音様と同様に、菩薩の十地では如来地の位としてブッダに等しい菩薩です。残念ながら「ターラ菩薩」は、日本では余り知られていません。「ターラ菩薩」は、特にチベットや中央アジアで深く信仰されています。また、その当時のシルクロード一帯でも篤く信仰された証しとして寺院などに多く描かれています。「ターラ菩薩」は、菩薩衆の中でも女性の菩薩として親しまれています。上半身の肌を露わにしており、女性としてのふくよかな胸は母親の愛を表現しています。全ての菩薩同様に「ターラ菩薩」も、首飾りやイヤリングなどの装飾をしています。

チベットでは観音信仰と共に、母親の愛のシンボルとして「ターラ菩薩」が非常に篤く信仰されています。もちろん、「ターラ菩薩」も観音様も阿弥陀様も、全く同じ光の存在です。しかし、阿弥陀様にはもったいなくて言えないくらい、苦しみ情けなく落ち込んだ時にも、母のような「ターラ菩薩」には告白できる、そして救って下さるという、親しみのある存在なのです。

観音様もターラ菩薩も、多くの人々に信仰される理由は、どんなに悪いことをした地獄の住人までをも救って下さる母親のような無償の愛を持つ存在だからです。地獄の底までも救いに行くという慈悲の意気込みは、阿弥陀様の誓願と同じものです。また、どんな子供をも愛を持って接する母親の気持ちそのままが、「ターラ菩薩」の本質でもあるのです。

「ターラ菩薩」のマントラです。

オン・タレ・トゥタレ・トゥレ・ソワー

「ターラ菩薩」は女性ですので、マントラは「オン」で始まり「スバハー（ソワー）」で終わります。「ターラ菩薩」のマントラも観音様と同じように、マントラを唱えた瞬間に「ターラ菩薩」の愛に包まれると信じられています。

ブッダの身口意・リグスン

ブッダの身体・ブッダの言葉・ブッダの心（身・口・意）は、三人の菩薩として顕わされています。それは、観世音菩薩（アヴァロキテシュバーラ）、文殊菩薩（マンジュシュリー）、金剛手菩薩（ヴァジュラパーニ）の三菩薩です。金剛手菩薩はブッダの身体、観世音菩薩はブッダの言葉、そして文殊菩薩はブッダの心を表しています。チベットではこの三菩薩を「リグスン」と言います。光明（リグパ）を得た三（スン）人の菩薩、このリグスンがブッダの身・口・意を顕わしているのです。

ブッダの心である文殊菩薩は、般若、空性、智慧を顕わす菩薩です。観世音菩薩は、ブッダの慈悲、慈悲の言葉、暖かみ優しさとして顕わされています。そして、金剛手菩薩は、この現象界という世俗に迷う衆生を仏法へと導く強さ

ブッダの言葉
観世音菩薩

ブッダの心
文殊菩薩

ブッダの身体
金剛手菩薩

観世音菩薩の慈悲の涙が、ターラ菩薩に変化した

を体現しています。ヴァジュラは金剛というこの上もなく力強く、堅固なものです。ヴァジュラパーニとは、手に金剛を持つ者という意味です。

日本では金剛手菩薩はあまり一般的ではありませんが、密教との大きな橋渡しをしています。特に、密教経典では、金剛手菩薩と大日如来が問答をしながら秘密の教えを明らかにしてゆくというスタイルになっています。ですから、金剛手菩薩は密教との繋がりを持つ重要な役割を果たしています。

観世音菩薩も文殊菩薩も金剛手菩薩も、全ての菩薩が、般若という空なる智慧識を体現した存在なのですが、それぞれが、世俗に迷う衆生を救う力を持つ存在、衆生に慈悲を投げかける存在、そしてブッダの智慧を顕わす存在としての役割を持っています。

般若心経の観音様

日本人が、最も大好きなお経の一つに『般若心経』があります。『般若心経』には、小本（略本）と大本（広本）の二種類があります。日本に伝わった『般若心経』は本文二六二文字の短い小本として伝わり、チベットには大本が伝わっています。『般若経典』は、お釈迦様が空性という存在の本質を説かれた膨大な量のお経です。『般若経典類』として編纂された、その教えのエッセンスを明瞭簡潔に抜き出してまとめたものが『般若心経』です。

『般若心経』の風景では、王舎城の霊鷲山の頂きに、お釈迦様が深い瞑想に入っておられます。その時、お釈迦様の身体が金色に輝きだします。それに驚いた阿羅漢たちが右回りに何度も周り礼拝し、「是非、法を説いて下さい」と懇願します。お釈迦様を囲む阿羅漢や菩薩たちの中に観世音菩薩も座っておられます。『般若心経』は、この様な背景の中で語られ始めます。

お経では、『仏説摩訶般若波羅蜜多心経』と表題を示します。そしてまず始めに「観自在菩薩行深般若波羅蜜多時」と、観音様が登場します。行深とは「深いサマーディー（三昧）の意識状態に入っていたときに」ということです。観音様は、お釈迦様の深い瞑想の境地を深い意識から存在の本質を感じとります。そして、阿羅漢の一人シャーリープトラ（舎利子）からの「お釈迦様の深い智慧はどのようにしたら体得することができますか」という問いに、観音様がお釈迦様の三昧の光の深みをインスピレーションで感じ取られて、その境地を論理的に答えてゆくという展開になっています。ですから小本の『般若心経』を読むと、お釈迦様はどこにもいらっしゃらないのですが、実は霊鷲山の真ん中で深いサマーディーに入っておられるのです。

お釈迦様の禅定であるサマーディーの意識の深みというものが何なのかということを思索したり、また一緒に瞑想をすることで、その深い意識状態が一人、二人へと伝播してゆきます。お釈迦様は、存在の本質である空性という智慧は言葉に表すことができないとし、深い禅定という三昧の境地からインスピレーションとして伝えようとしたのでした。お釈迦様の智慧の境地が一人二人へと伝わり、またその人達が深くサマーディーに入ることが出来るので、その三昧の力はずっと心の深いところに入ってゆくことが出来ます。この様に、智慧の三昧を体得した人達に空性の理解が広がっていったのです。有名な阿羅漢は、シャーリープトラやスブーティ、またマハーカシャパなどです。また、菩薩の中でも、文殊菩薩や弥勒菩薩、そして観世音菩薩など多くの弟子達に、空性の智慧が広がってゆきました。

般若の智慧は、慈悲という行動で顕されてゆきます。観音様は、深い智慧を体得されたからこそ、広大無辺の慈悲を衆生に与えることができるのです。智慧と慈悲は切り離すことのできない一体のものなのです。

第四章　六道輪廻を塞ぐ聖音

生活の中での観音様

観世音菩薩のマントラは「オン・マ・ニ・ペ・メ・フン」と六つの聖音を唱えます。日本の阿弥陀信仰では「南無阿彌陀仏」とやはり六字の音を唱えています。

チベット仏教と日本の仏教は、歴史的には江戸時代まではほとんど交流がありませんでしたが、日本で広く親しまれている念仏の「南無阿彌陀仏」も、チベットで最も親しまれている「オンマニペメフン」も、どちらも同じ六字聖音であるということは、大変興味ある点です。（明治時代以後には、河口慧海、能美寛、多田等観、青木文教、寺本婉雅など多くの日本人が入蔵しています）

チベットでは、「オンマニペメフン」という六字のマントラは、非常に大きな霊力を宿していると信じられています。まず、子供が生まれた時、親は生まれたばかりの赤ちゃんに「オンマニペメフン、オンマニペメフン」と語り掛けます。観音様の慈悲に守られ、これからの人生をスクスクと育つようにと願いを込めます。

幼い子供は、何に付けても「オンマニペメフン」と唱えるように親から教え込まれます。虫を見たら虫に対して「オンマニペメフン」と語りかけ、良いことをしたら感謝して「オンマニペメフン」、悪いことをしたら反省をして「オンマニペメフン」と唱えるよう、いつも観音様を意識し、観音様を心に念じ、観音様からの慈悲を授かるように教えられます。

子供がある程度大きくなり、仏教に対する帰依の心を持つことができるようになったなら、右手にマニ車を持ち右方向に回しながらマントラを唱えることを学びます。マニ車の経筒の中には、「オンマニペメフン」のマントラが小さな文字でびっしり書かれた経典が入っていますので、これを一回転させると経筒の中に書かれている数千から数万のマントラを唱えたことになります。そのマニ車を右手で回しながら、左手には数珠を持ち、「オンマニペメフン」「オンマニペメフン」「オンマニペメフン」と百八ある数珠玉一つ一つにマントラの念を込めて唱えます。

お寺に行くと、マニ車が幾つも連なっているので、マニ車を回しながら「オンマニペメフン」「オンマニペメフン」「オンマニペメフン」と右周りに歩きながら唱えます。

観音様をお祈りする生活の中で、すべての行為が観音様から功徳を授かる機会であると信じられています。これは出家のお坊さんに限らず、一般の在家にも、観音様への深い信仰が生活のあらゆる側面に「オンマニペメフン」というマントラが染み込んでいる、深い仏教文化の結実だと思います。生活のあらゆる中に観音様が生きているのです。

六道輪廻の入口を塞ぐ聖音

そして今まさに、死に旅立とうとしている人も、「オンマニペメフン」と唱えます。生前に余り仏道の修行を行わなかった人ほど、この「オンマニペメフン」のマントラは有り難いものとなります。何故かと言うと、この六字のマントラが六道輪廻の入口を塞ぐ音であると信じられているからです。

「オンマニペメフン」と唱えるほど、死後でも六道に迷うことがなく、観音様の慈悲に救われることができると言われています。

例えば、私もお寺で修行していた時に、寺院建築作業などで地面に穴を掘る時があります。ミミズや蟻など沢山の虫がいて困ります。そんな時に、先生はどんな動物を見ても、どんな小さな虫にでも、ミミズや蟻にでも「オンマニペメフン」と語りかけてあげなさいと言われます。マントラを唱えることのできない生き物に代わって唱えてあげるのです。動物たちに対してマントラを唱えることで、「オンマニペメフン」のマントラの響きが体に宿り、全ての動物達が次に生まれ変わるときには、このマントラが因となり、六道輪廻に彷徨うことなく上位の世界に生まれ変わることができると教えていただきました。

「オンマニペメフン」のマントラが、六道輪廻の入口を塞ぐ聖音だと分かると、観音様の大いなる慈悲に触れることができます。

では、六道とは何なのでしょうか。

六道輪廻図

六道輪廻

ここに六道輪廻の仏画があります。まず六道の真ん中には魔神「マーラー（魔羅）」が、円盤のような丸い鏡を持っています。この鏡の中に六道全ての様相、ローカ（世界）が映し出されています。

六道とは、天界《てんかい》・阿修羅界《あしゅらかい》・人間界《にんげんかい》・畜生界《ちくしょうかい》・餓鬼界《がきかい》・地獄界《じごくかい》の六種の衆生の存在のあり方を示しています。輪廻に彷徨う衆生は、この六種の世界に迷い続けて、出口のない世界に生まれては死に、また生まれては死ぬという再生を限りなく繰り返しています。

これを「輪廻《りんね》」と言います。輪廻の世界の本質は、苦しみに他なりません。どの世界に生まれても、たとえ天界に生まれたとしても、それは輪廻の世界、迷いの世界なのです。

・地獄界

六種類のローカ（世界）の中でも最も低くて大変な世界は、地獄界です。仏画をよく見ると、地獄では舌は切り抜かれ、釜茹でや針のむしろなど、リアルに描かれています。地獄では、十八種の地獄があると言われています。大きく分けて熱地獄と寒地獄です。この熱地獄と寒地獄は軽いレベルのものから、重いレベルまでそれぞれ八段階あります。熱地獄の八段階と寒地獄の八段階、更にこの熱地獄と寒地獄に付随した地獄がさらに一つずつあるので、合計十八種類の地獄があります。

一番軽い地獄は、約五百年の間、そこで苦しみを味わいます。二番目の地獄は千年間、その次は二千年間と段々にカルマ（業《ごう》）に応じて地獄の苦しみの期間が長くなってゆきます。そして、熱地獄でも寒地獄でも一番下の最も重い地獄を「無限地獄《むげんじごく》」と言い、阿僧祇劫《あそうぎこう》という無限の長い時間、地獄から出ることが出来ないと言われています。これが地獄の世界です。

地獄には、ただ極度の苦しみのみがあり、一度そこに落ちると長い間抜け出すことが出来ないのです。このような事実を知ると、地獄だけは行きたくないと思います。

多くの人達は無明の風に吹かれて、六道を彷徨っています。しかし、非常にありがたいことにこの六道輪廻図をよく見てみますと、どの地獄や他のどの輪廻の世界に行っても仏様の絵が描かれています。地獄の底まで仏様が救いに来て下さっているのです。今生で「仏法僧の三宝に帰依をする」という意味とその有り難さがここで解ります。

・餓鬼界

餓鬼の世界の住人は、いつも大きなお腹が空っぽです。しかし、その喉は針ほどに細いので、どんなに食べても満たされず、いつも何か欲しい食べたいと彷徨い歩き、ついには墓場の人骨までも食べようとしてしまいます。

餓鬼はいつもお腹の飢えと喉の渇きに苦しみ、たとえ何か食べ物を得たとしても、それは虚しく消え去り、むしろ新たな苦しみの原因になってしまいます。

餓鬼の世界は、貪《むさぼ》りの世界です。しかし、その欲望は絶対に満たされることが無い世界なのです。

・畜生界

畜生界とは動物の世界です。動物はいつものんびりと日向ぼっこをしていいなぁ、と思われるかもしれませんが、動物の世界は弱肉強食です。食物連鎖の中で、いつも何かに怯え、「食べられるんじゃないか、襲われるんじゃないか」と恐怖の中で暮らしています。

家畜などは、殺されるために生まれ、肉や皮にされてしまいます。また馬やロバなどの家畜は、死ぬまで鞭で打たれ働かされます。自由な鳥でさえ、いつ食べられるか分からずにビクビクし、ゆったりと羽を休めることができません。動物に生まれる苦しみは、その苦しみの本質さえ理解できずに、愚かさの霧の中で先も見えずにただ怯えている、無知なる苦しみなのです。

これら地獄、餓鬼、畜生の三つの世界は低い世界であり、三悪趣《さんまくしゅ》と呼ばれ絶対に行きたくない世界です。

・人間界

人間の世界は、サハーローカと言われ、苦しみの中で耐え忍ばなければならない世界です。これが漢訳されると「娑婆忍土《しゃばにんど》」と訳されます。人間には、「四苦八苦《しくはっく》」の苦しみがあると言われています。「四苦八苦」は、地位や名誉、貴賤に関係なく全ての人間が逃れることのできない苦しみです。

四苦

生まれる苦しみ　（生苦）
老いる苦しみ　（労苦）
病む苦しみ　（病苦）
死ぬ苦しみ　（死苦）

八苦

嫌い、憎い人に出会う苦しみ　（怨憎会苦）
望むものを得ることができない苦　（求不得苦）
愛する人と生別、死別する苦しみ　（愛別離苦）
五蘊の執着への苦しみ　（五取蘊苦）

人間は、生まれ、老い、病み、そして死ぬことから逃れることはできず、また新たな再生という輪廻を繰り返します。その輪廻は因果応報《いんがおうほう》として、よい行ないをすれば良い果が得られ、悪い行ないをすると悪い果を得るのです。自分の生前の行為が因となり、次の生の果が決められます。

しかし、人間界に生まれることができたことは、とても貴重なチャンスであると言えます。それは、人間のみが悟りを得る機会があるからです。六道輪廻の中で、唯一悟りを得ることが出来る世界が人間界なのです。たとえ天界の神が悟りを得ようと思っても、一度人間界に生まれ直して、修行を達成した者のみ悟りを得ることができるのです。私達は幸運にも、今生に人間として生まれることが出来ました。人間は娑婆忍土で四苦八苦していますが、そこには何の救いも幸せもありません。

今生で人間として生を受けたことが、稀な機会であることを知るべきです。そして、三宝に帰依をする功徳を理解し、一歩一歩仏道を歩み続けることで悟りを得ることができるのです。人間とは、唯一の貴重な存在であるのです。人間として生まれた、この貴重な機会を無駄にすることなく、人間としての可能性を求めることができるチャンスであることを理解すべきです。

・阿修羅界

阿修羅は神様ですが、阿修羅界の上の天界の神様に戦いを挑んでいる戦いの神様です。天界の神様がいつも羨ましく見え、嫉妬の気持ち、妬みの心を常に心に抱いている神様です。どんなに阿修羅が戦いを挑んでも、功徳ある天界の神将には歯が立たず、阿修羅は常に敗北感に打ちひしがれるという苦しみを味わっているのです。阿修羅に生まれる苦しみとは、天界の神に対するジェラシーから生まれる攻撃性、しかしその戦いの気持ちが常に成就せず、嫉妬という世界から抜け出せないことにあります。

・天界

天界は天にも昇る良い気持ちが味わえる世界です。これ以上、上の世界がない神様の世界です。しかし、天界と「極楽《ごくらく》」は違います。天界とは有頂天《うちょうてん》なほど心地よい世界ですが、神様にも寿命があります。

ある人は「六道輪廻の天界に生まれるのなら本望だ」と思うかも知れません。

仏教観では天界の寿命というのは五百年から一万年であると言われています。天界に生まれ五百年間神様として暮らしていても五百年、または一万年の寿命が尽きてしまうともう翌年は有りません。たとえ寿命が一万年あって快適な生活をしていても、一万一歳目の年が来ると寿命が尽きてしまうのです。

天界での寿命が尽きると、次は下の世界に落ちるしか有りません。天界から下の世界に落ちる苦しみと悲しみは凄く辛いものがあるでしょう。誰もが楽を味わうと、それを無くしてしまうことを恐れ、ひどい苦しみとして味わなければなりません。ですから天界にいるということは、次には下に落ちなければならない苦しみを秘めているのです。

つまり、六つのローカ、どの世界に行っても苦しみから逃れられることが出来ず、常に苦しみの世界に彷徨い続けます。これを「六道輪廻」と言います。

私達衆生はこの六道輪廻の中に生きています。全ての望みを叶えてくれるというチンタマニ（摩尼宝珠《まにほうじゅ》）への究極の願いは、この六道輪廻の苦しみから救われたいと誰もが持つ究極の願いではないのでしょうか。

では、六道輪廻の苦しみからの解放、救われたい、楽になりたいという願いは、どのようにして叶うのでしょうか。

六道を抜け出すチャンス

六道を彷徨う私達にとって、唯一逃れられる道が一つだけあります。それは人間界です。人間界だけが、この六道から逃げ出す唯一のチャンスを持っています。天界の神すらもこの六道の輪廻から抜け出す為には、一度天界から人間界に生まれ、人間として修行を修めることで、初めて六道から抜け出すチャンスがあるのです。地獄・餓鬼・畜生の住人もそうですが、人間に生まれるためには、多くの功徳《くどく》を積んで初めて人間界に生まれることができます。仏道の修行を重ねて、はじめて六道を抜け出すチャンスがあるのです。

お釈迦様でさえ六年間修行をした後に、悟りを得られたのです。ですから、修行をせずに悟ったと言う人がたまにいますが、仏教の視点から見ると、それは眉唾だと言えます。

先に、「オンマニペメフン」のマントラが、六道輪廻の入口を塞ぐ聖音だと説明しました。それぞれのマントラの音が、六道に対応しています。

オン　天界
マ　阿修羅界
ニ　人間界
ペ　畜生界
メ　餓鬼界
フン　地獄界

「オンマニペメフン」のマントラを唱えることで、生きている間に身体や心にそのマントラの聖音が染みついてゆきます。生を受け、老いて病んで、やがて死が訪れる（生老病死《しょうろうびょうし》）時に、そして死後、バルドという中有《ちゅうゆう》期間の中で、観音様の慈悲に触れることができるのです。

四十九日間のバルドの意識

人が死ぬと、身体から意識が離れます。一般的にはここで死を迎えたことになります。しかし、身体が無くなっても意識だけは残ります。この意識は、生前に支配されていた煩悩という荒く濁った意識です。これが、「輪廻の主体」です。そして、身体を失った迷いの意識は、四十九日間というバルド、中有《ちゅうゆう》期間を経て、次の生に生まれ変わります。『バルド・トゥドル（チベットの死者の書）』には、この中有期間に起こることが書かれています。

前世のカルマは、前世の意識です。前世で怒ってばかりいた人、怒りから暴力的な行為をした人、相手を殺すなどという行為をした人は、自らが望まなくとも地獄に吸い込まれていってしまいます。いつも「欲しい、欲しい」という欲の意識を持っていると、身体が無くなっても意識は残ります。ですから、その欲の意識が自分が望まなくとも餓鬼界に吸い込まれていってしまいます。

中有期間の中でも三段階目の「再生のバルド」では、迷いの意識は中有状態に耐えきれなく、どこかに逃げ込みたいという衝動によって彷徨い続けます。『バルド・トゥドル』の中にはこのことが詳しく書かれています。その意識体が自分のカルマに直面するほど、その恐怖心から次の生を求めて、次の生のお母さんの子宮に逃げ込むのです。次の生のお母さんの子宮は、生前の自分の意識と同じ波長を持った意識ですので、その子宮に「スーッ」と吸い込まれていってしまいます。

ですから、いくら高貴な家庭、裕福な家庭に産まれたいと望んでも、自分の心が欲や怒りなどの煩悩に取り付かれているならば、どんなに望んでもその意識は、同じ様な欲や怒りを持った子宮に、「スーッ」と吸い込まれていってしまうのです。その子宮がどんな遠い所であろうと、意識というのは時間や空間を飛び越えますので、意識の波長が合う子宮に出会うまで彷徨い続けます。

しかし、前世で少しでも仏縁を得た因は、今生において仏法に出会う機会をもたらします。

マントラで輪廻の主体を薫習する

生前に一生懸命、観音様に祈り、「オンマニペメフン、オンマニペメフン」と観音様のマントラを唱えていた人は、このバルドの中でも観音様に出会うことが出来ます。

バルドの中有期間に、「オンマニペメフン」とマントラの音を思い出した瞬間に、「オン・マ・ニ・ペ・メ・フン」という六つの聖音が、六道全ての入り口を塞いでしまうのです。六道の入り口に入らないという事は、そこが六道からの解放、解脱《げだつ》となります。六道に輪廻することの無い意識に留まることが出来るのです。

煩悩という意識である「輪廻の主体」は、「薫習《くんじゅう》」といって、実体のない匂いが身体に染みつくように成り立っています。いつも悪いことばかりを考えていたり、そのような環境にいれば、悪い意識が染みついてしまいます。逆に、良い考えを持とうとしたり、良い環境の中にいれば、意識は良いものとなります。観音様を念じ、いつも「オンマニペメフン」とマントラを唱えることは、意識の中に観音様を焼き付ける、まさに「薫習」することになるのです。意識が身体を離れても、その意識が観音様を「薫習」しているならば、バルドの中でも必ず観音様の慈悲の意識に触れることが出来ます。

この観音様の意識に留まることが出来た時、それこそが純粋意識に他なりません。あらゆる煩悩から解放された本来の純粋意識の状態に、ずっと留まることが出来れば、それが本来の解脱です。

六種根本煩悩が六道輪廻を作る

「観自在」「観音」「観世音」とは、まさに音を観る、音で観る、音が観ると理解することができます。これが観音様の修行の本質であると理解できます。

この「観る」という字は、非常に重要な理解につながります。この視点で六道を観てみましょう。この六道というのは何処か他の世界である訳ではないのです。地獄・餓鬼・畜生といった六道がどこか地の底に、天界が雲の上に有るのではなく、それらは全て私達の心の中に有ると、唯識《ゆいしき》仏教哲学で説明されています。唯識仏教哲学によりますと、六道輪廻の源は、「六種根本煩悩《ろくしゅこんぽんぼんのう》」によって生み出されているのだと説明されます。

この六種根本煩悩の意識が、この六道輪廻の世界を作っているのです。

天界は高慢、プライドの心、阿修羅界は疑い・疑念の心、人間界は自我意識、畜生界は無知、餓鬼界は欲望の心、そして地獄界は怒りの心と、六道は六種根本煩悩にそのまま対応するように、煩悩が六道の世界を作り出しているのです。六道輪廻は、六種根本煩悩よって創り出されていると言えるのです。

例えば、ここに一杯の水があります。天界の人がこの水を飲むと甘露水になります。阿修羅が飲むと「これは誰かが私を陰謀に落し入れようとしているんじゃないか」という疑念の水に味が変わります。一方、地獄の住人が飲みますと、寒地獄の人はこれ以上冷たくて舌がもう凍ってポキポキと折れてしまうような冷たい痛みに変わります。熱地獄の住人には熱湯となり、ひどい火傷を負う灼熱の水となります。また餓鬼の住人にはどれだけ飲んでもお腹がいっぱいにならない、もっと飲みたいという更なる飢えをもたらす水になります。

しかし、一杯の水の本質は何も変わってはいません。私達の心の在り方で一杯の無色透明無味無臭の水が、甘露水にもなり、まずい水にも、または毒にもなってしまいます。

唯識仏教哲学では、「全ての世界は、自分の心が創り出す心の投影である」として、心の在り方を問題にします。つまり、「六種根本煩悩」の心の働きが、地獄・餓鬼・畜生・人間・阿修羅・天という六道の世界を創り上げているのです。

六種根本煩悩

貪（とん）　三界への有愛執着

瞋（しん）　　**苦に対する否定、嫌悪**
痴（ち）　　**因果や三宝に対する無知**
慢（まん）　　**他人を軽視する放漫さ**
悪見（あっけん）　　**誤った考えを持つこと**
　　五見（身見、辺見、邪見、見取見、戒禁取見）
疑（ぎ）　　**限られた考えを信じ、三宝を疑うこと**

一般には煩悩は百八つあると言われていますが、煩悩の源をよく見ていくと、そこには「六つの根本煩悩」（六種根本煩悩）があることが知られています。最も悪いものは、欲と怒りと無知（貧《とん》・瞋《しん》・痴《ち》）の「三毒」と言われているものです。それに、我見、嫉妬、高慢の三つを合わせた六種根本煩悩が、六道輪廻の六つの世界を造り出しているということです。

欲、怒り、無知は毒である

全ての苦しみの源は、「貪・瞋・痴」という三毒に起因しています。六道輪廻の仏画の一番中心には、鶏と蛇と猪が書かれています。この三つの動物は、人間が持つ三つの根本煩悩という「三毒《さんどく》」、いわゆる「貪・瞋・痴」を比喩として表しています。

貪《とん》・愛着…欲界、色界、無知界に対する有愛執着の苦しみ
瞋《しん》・嫌悪…苦悩に対する反発、否定
痴《ち》・無明…因果の法則や三宝に対する無知

全ての人間の迷い、苦しみ、輪廻、カルマというのは、この「三毒」から発しています。ですから、この三毒こそが苦しみの一番の原因と言えます。三毒の根本煩悩からカルマが生じ、六道が発生するわけです。この三毒を断ち切るか乗り越えることが最も重要になります。

この「貪瞋痴」は、「プラス・マイナス・ゼロ」の関係にあります。私とあなた、私と世界という相対的関係性が、プラス・マイナス・ゼロという相互関係にあるのです。

つまり、自分の心が虚しい「マイナス」だと、外の世界、外の人に対して欲しいという欲望、愛着が生じます。「プラス」という外のものに惹かれるのは、これがまさしく餓鬼の世界です。「欲しい欲しい」という心がある限り、絶対お腹は満たされません。心が渇望しているからです。これが餓鬼界の欲望、執着です。

自己中心的な「プラス」という世界観は、外のものを否定「マイナス」として見ます。自分が常に正しいと思い込んでいるために、他者や他の世界に対して不満や否定の気持ちが起こります。「社会が間違っている」「あいつは嫌いだ」と相手や世界を否定し、それが高じると怒りになります。さらにエスカレートすると他や外に対して攻撃を加えます。暴力や戦争といった行為はこれに起因しています。否定、怒り、嫌悪、暴力へとマイナスの気持ちが発展していくのです。

「ゼロ」とは無知、無明です。暗闇の中を全く何も分からずに、あっちでゴツン、こっちでゴツンと頭や身体をぶつけて怪我をします。身体ならまだしも、心を傷つけることさえもあります。それは、外の世界を見ることができないからです。

登山を行なうときには、ちゃんと辿り着く山の目標を決めて、正確な地図を持ち、安全な装備を持って歩き出します。しかし、実際の人生に於ては、人生の目的もなく正確な地図も持たずに、当てもなく彷徨い歩きます。人生の壁に突き当たったり、穴に落ちたり大けがをしたりと危険な目に遭います。それは全て無知が原因です。

これらの三毒「貪・瞋・痴」が、仏教では最も問題である根本煩悩です。執着・怒り・無知の三つは、更に嫉妬、高慢、我見と派生して、六種根本煩悩を形成します。

・悪見、我見

「悪見、我見」は、誤った考えを持つこと、また「俺が、俺が」というエゴの意識です。悪見では五つの間違った視点に執着します。

身見《しんけん》　**五蘊《ごうん》に対して我を実体と見ること**

辺見《へんけん》　**常見断見など両極端の誤った考え**

邪見《じゃけん》　**因果を認めない誤った見方**

見取見《けんしゅけん》　**自分の考えが絶対真理であるとする自己中心的な考え方**

戒禁取見《かいごんしゅけん》　**見返りを得るために誓いを立てて戒を守る間違った考え方**

・嫉妬

嫉妬は、自分の考えのみを信じて、他を疑う心です。疑念も煩悩の一つです。そして阿修羅界はいつも神に対して、妬みやジェラシー、疑いの気持ちに支配され、常に周りに戦いを挑みます。それが阿修羅の意識です。嫉妬の意識は常に他者をねたみ、疑念にかられて、自分に従わないものを受け入れようとはしません。

自分のみが全て正しいという視点は、いつも敵対心を呼び起こし、激しい怒りを持って、他者を退けようとする強い感情なのです。

・高慢

そして最後は慢心です。「私が一番偉い」という心、これも煩悩です。例えば、自分が一番偉いという心を持っている人は、いわゆる天界の人です。おごり高ぶる気持ちは、他者からは「高慢」と映りますが、自分ではなかなか見ることができません。高慢は、相手に嫌な気持ちを呼び起こし、いらぬ敵を作る原因となります。

この六種根本煩悩は全て六道に対応し、「オンマニペメフン」という音によって解放されてゆきます。

オン　天界　慢心

マ　阿修羅界　疑、妬み

ニ　人間界　我見

ペ　畜生界　痴、無知

メ　餓鬼界　執着

フン　地獄界　怒り

「オンマニペメフン」という音を唱えることは、自分自身の六種の根本煩悩の働きを全て鎮める力を持っています。地獄や天界がどこかにあるのではなくて、自分の心が創り出しているのだということが分かります。「オンマニペメフン」が六道の入口を塞ぐということは、この音のマントラの力が、自分の煩悩を抑える力を持っているのです。それが「オンマニペメフン」のマントラの力です。

煩悩が鎮まり消し去られた状態が、解脱に他なりません。その状態は、「楽」有る状態です。それは相対的な苦に対する楽ではなく、大きな楽、つまり「大楽《たいらく》（マハースカー）」と言う状態を得ることが出来ます。大楽というのは、極楽（スカーバティー）です。スカーというのはサンスクリット語で「楽」とか「幸」「寿」と訳されますが、スカーバティーが「幸有るところ」「極楽」と訳された由縁です。ですから六種根本煩悩全てが取り去られた状態が、「スカーバティー」極楽浄土なのです。

マントラ瞑想法

「オンマニペメフン」「オンマニペメフン」と何回も何回も繰り返し、唱えてみましょう。

その時、「オン」という音を唱える時、天界をイメージします。自分が非常に調子良くて、気分良く、有頂天になっている状態、そんな慢心の状態を具体的な出来事、場面に合わせてありありと思い出すようにしてみて下さい。

そして「マ」の音を唱える時は、阿修羅界をイメージします。具体的に誰かと戦っている状況、誰かに抱く嫉妬心など、自分の心の中に有る阿修羅界を創り出しているものを見つめます。妬み、ジェラシー、疑いなど、具体的な自分の過去の出来事を思い出すようにしましょう。

「ニ」の音を唱える時は、人間界です。毎日の生活で、自分が好きか嫌いかどうでもよいかと多くの判断が我見から出来ています。その「我」を出来る限り、具体的な状況をイメージしてみましょう。

「ペ」の音を唱える時は、畜生界です。犬でも猫でもどんな動物を見る時にも、その動物が抱く恐怖心、無知な状態を感じてみましょう。それを具体的にイメージしてみます。

「メ」の音を唱える時は、餓鬼界です。餓鬼の心は欲望です。何か具体的な対象を見て、「欲しい。手に入れたい」という気持ちを持ったことがあるはずです。そのような心に湧き起こる執着心をよく見つめ、イメージしてみましょう。

最後に、「フン」の音を唱える時には、出来る限り自分の体験の中にある具体的な怒りの体験をイメージしてみましょう。否定から嫌悪の気持ちが起こり、それが怒りとなって暴力を振ってしまったような体験があるなら、その時の状況や感情の高ぶりをリアルにイメージすることが大切です。

「オンマニペメフン」の音を一音一音丁寧に唱えながら、心に起こる具体的なイメージを、観音様に観ていただきます。そして、心の中にある煩悩を観音様の慈悲の力で浄化していただきます。「オンマニペメフン」と唱える中で、観音様に救っていただくイメージをリアルに描きます。マントラに合わせて、音のイメージによって六道のイメージを溶かし去り、観音様の慈悲の力で煩悩を浄化してもらう訓練を行ないます。これは具体的であればあるほど効果があります。具体的なほど、観音様の慈悲を感じ取ることが出来ます。

　この「オンマニペメフン」マントラ瞑想法のコツは、具体的な場面を描こうとするやり方です。「あの時、あの場所で、周りに誰がいて…」と、その時の感覚、感情、気持ちなどをありありと思い浮かべることで効果があります。具体的なトラブル、失敗、問題ですとか、有頂天になって自分は偉いというプライドや高慢さ、あるきっかけで誰かに対して怒りの気持ちを持った瞬間、何か物が欲しい欲しい、もっと欲しいと思っている気持ちなどを、ありありと思い出すようにしてみます。

　実際に「オンマニペメフン」とマントラをゆっくり唱えながらやってみましょう。しっかりと一音一音声が出るように、出来る限り背筋を真っ直ぐ伸ばして、腹式でお腹の底から唱えるようにしてみましょう。この「オンマニペメフン」と唱えた瞬間に六道の入り口が閉ざされて、「オンマニペメフン」のマントラを唱え、それを自覚することが出来ている間は、本来の純粋の意識に留まり続けることが出来ます。

観音様が活きた生活

チベットでは、お年寄りは「オンマニペメフン、オンマニペメフン」とマニ車を回しながら日向で過ごし、お母さんは料理をしながら「オンマニペメフン、オンマニペメフン」、子供も遊びながらでも「オンマニペメフン、オンマニペメフン」と常に「オンマニペメフン」を唱えています。

日常生活の中で、観音様と親しくなり、いつも観て戴いていることが、仏道修行なのです。生活の中で「オンマニペメフン」と観音様のマントラを唱えていること、これが良い心の習慣となり、意識に薫習《くんじゅう》され、心に「善」が染みついてゆきます。そうすると、その人が死んだ時に、再生のバルドで意識が次の子宮に逃げ込む瞬間に、観音様が聖音として顕現します。

ですから、良い心の習慣を身につけましょう。マントラや念仏を日常生活でいつも唱え、仏様を敬う気持ちを常に持つことが、本当の修行なのです。観音様のマントラ「オンマニペメフン」を日頃、何をしていても唱えると良いでしょう。道を歩いていても、仕事をしていても、車に乗っていても、ご飯を食べていても、一呼吸一呼吸が「オンマニペメフン」の生活になってゆきます。それはまさに、観音様が活きた生活であるのです。

「オンマニペメフン」と六道輪廻の入り口を塞ぐマントラを唱えることによって、一息一息の中に観音様が存在し、今この一瞬の中で、救われているのだという実感を持つことができるでしょう。

お寺などで、大勢でマントラを唱えたり、読経を行なうと天井あたりから自分の声ではない非常に心地の良いトーンが聞こえることがあります。それは「倍音《ばいおん》（オーバートーン）」というものです。倍音は人間の深い意識に響き、非常に心地よい精神状態をもたらしてくれます。そして、「オンマニペメフン」とマントラを唱えるほどに、如来や菩薩から「加持力《かじりき》」という不思議な力を授かることができるでしょう。この「加持力」を得ることで、世間の中で方便を働かすことができ、多くの人々を仏の道へと導くことができます。

第三部

仏の道

密教の観世音菩薩

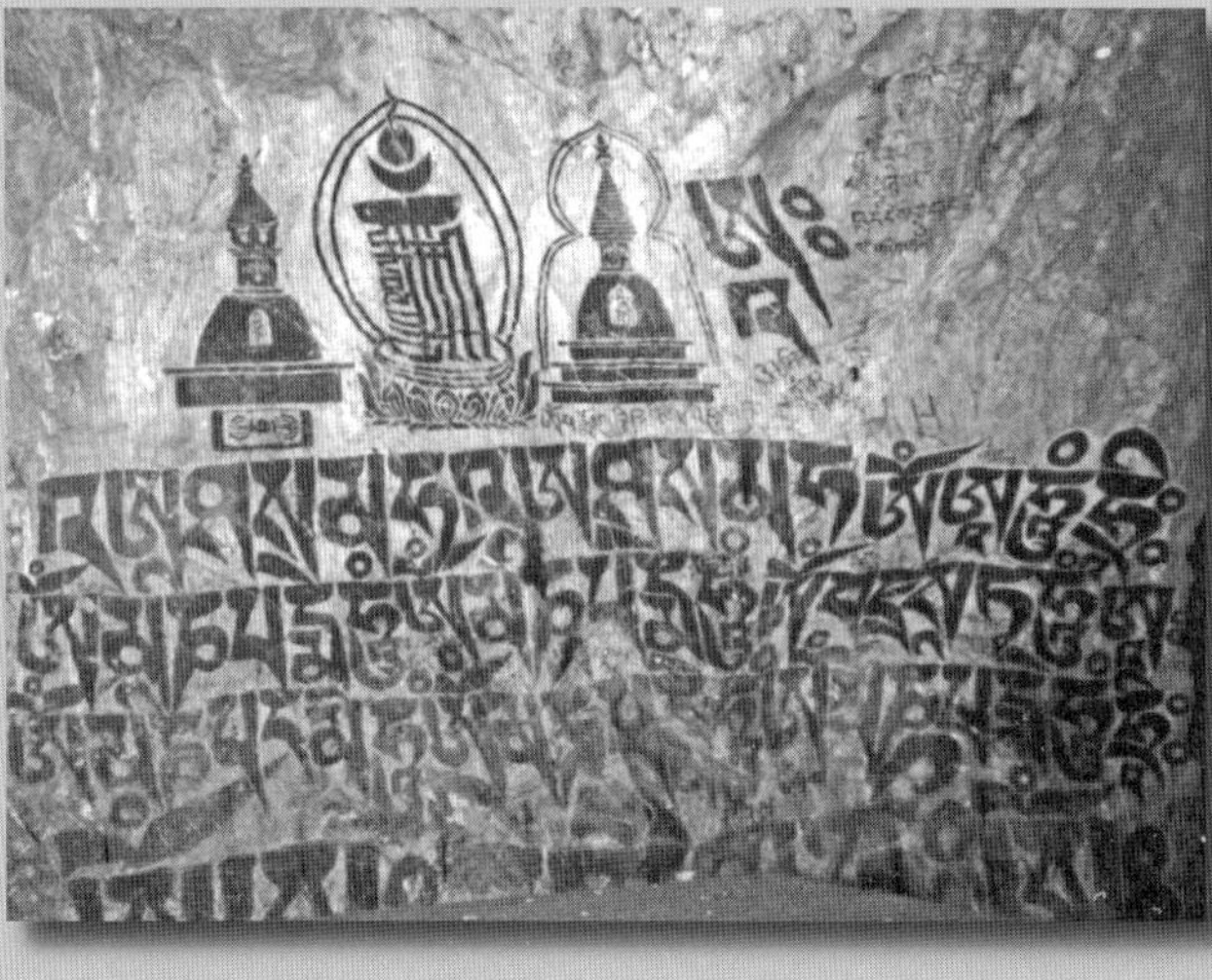

第五章　仏教瞑想の基盤

霊的仏国土

インド密教の時代には、三層の霊的な仏国土が存在していたと伝えられています。それは、シャンバラ、ポータラカ、ウッディヤーナと順に、三つのレベルの霊的な仏国土、浄土が存在していると言われています。

一番目の霊的仏国土は、シャンバラという国です。シャンバラは『カーラチャクラタントラ』という後期密教の無上《むじょう》ヨーガタントラ経典の中に書かれている霊的な仏国土です。

お釈迦様が南インドでカーラチャクラの教えを説かれた時に、その教えを聞いたシャンバラ王国のスチャンドラ王がカーラチャクラの教えを受けて、自国に持ち帰り、カーラチャクラのマンダラを作り、その教えを守り伝えたと記されています。そして、これから未来の第二十五代の王の治世に、起こるであろう世界最終戦争の時代が来るまで、その教えを守り伝えるという国が、シャンバラ王国です。

現在の西チベットに、シャンシュンという古代王朝があったと伝えられています。地理的にも、そのシャンシュン王国がどうやら古代のシャンバラではなかったかという説やカイラス山であるという説もありますが、どちらも定かではありません。

二番目の霊的仏国土は、ポータラカです。ポータラカは観音様の浄土、仏国土と伝えられています。ダライ・ラマは観音様の生まれ変わりだと信じられ、チベットの都ラサの小高い山の上に、観音様の住まわれる浄土、ポータラカをイメージして、ポタラ宮殿が造られました。サンスクリット語のポータラカを日本では、補陀洛山《ふだらくさん》と言います。熊野地方には補陀洛《ふだらく》信仰があります。

インドの細かい地図を見ると、南インドにマライ山という山が実際にあります。そのマライ山がどうやら、観音様が住まわれていたポータラカではないかという説があります。玄奘三蔵の『大唐西域記《だいとうせいいき》』には、このマライ山と思われる、マラヤ山という山について言及しています。

マラヤ山の東にポータラカ山あり。
山径は危険にして巌谷は奇傾せり。
山頂に池有り。この水は澄鏡にして大河を流出す。
周流して山を尭り、二十巾して南海に入る。
池の側に石天宮有り。観自在菩薩の住来遊舎なり。

玄奘三蔵自身は、マラヤ山には登頂してはいませんが、とても詳しく説明しています。

一九八〇年初頭に、椎野能敬という日本の僧がこの地マライ山を訪れて調査を行っていますが、やはり山頂までは行くことができませんでした。私の友人は、一九九〇年初頭にマラヤ山を目指してマライ山の奥深くまで踏み込みましたが、あまりの深いジャングルで虎や毒蛇が多く、やはり途中で断念して引き返して来ました。マラヤ山の夢、観音様の浄土の夢は、募るばかりです。観音様は実際の人物だったという説もあります。

南インドと般若経典類、空《くう》の哲学とは、非常に密接な関係があるといわれています。ナーガルージュナが般若経典類を編纂し、その解説書として中観哲学《ちゅうがんてつがく》を著したと言われていますが、ナーガルージュナ自身も南インドの龍族が守っていた仏塔の中から般若経典類を見つけ出したと伝えられています。ですから、マライ山のポータラカ観音信仰と般若経典類とは非常に密接な関係があるのではないかと思われます。

霊的な三層の仏国土の一番上位にあるのが、ウッディヤーナです。ポータラカが観音様の浄土といわれるならば、ウッディヤーナは阿弥陀様の浄土であり、パドマサムバヴァの浄土です。阿弥陀の浄土と言われる由縁は、実際この地に阿弥陀様が降りて、国王のインドラブーディにメッセージを語られた場所だと伝えられているからです。

ウッディヤーナという土地は、今の北部パキスタンとアフガニスタンの国境辺り、パキスタン側のスワット谷がウッディヤーナではないかと言われています。仏教史的にはいわゆるガンダーラ美術が発生したガンダーラ地方の一部に属する場所です。古代からウッディグラムという街があり、スワット谷を流れる河岸からは、エメラルドなどの宝石が産出するとも聞いています。

インド仏教史の中では、阿弥陀様がウッディヤーナ国王のインドラブーディ

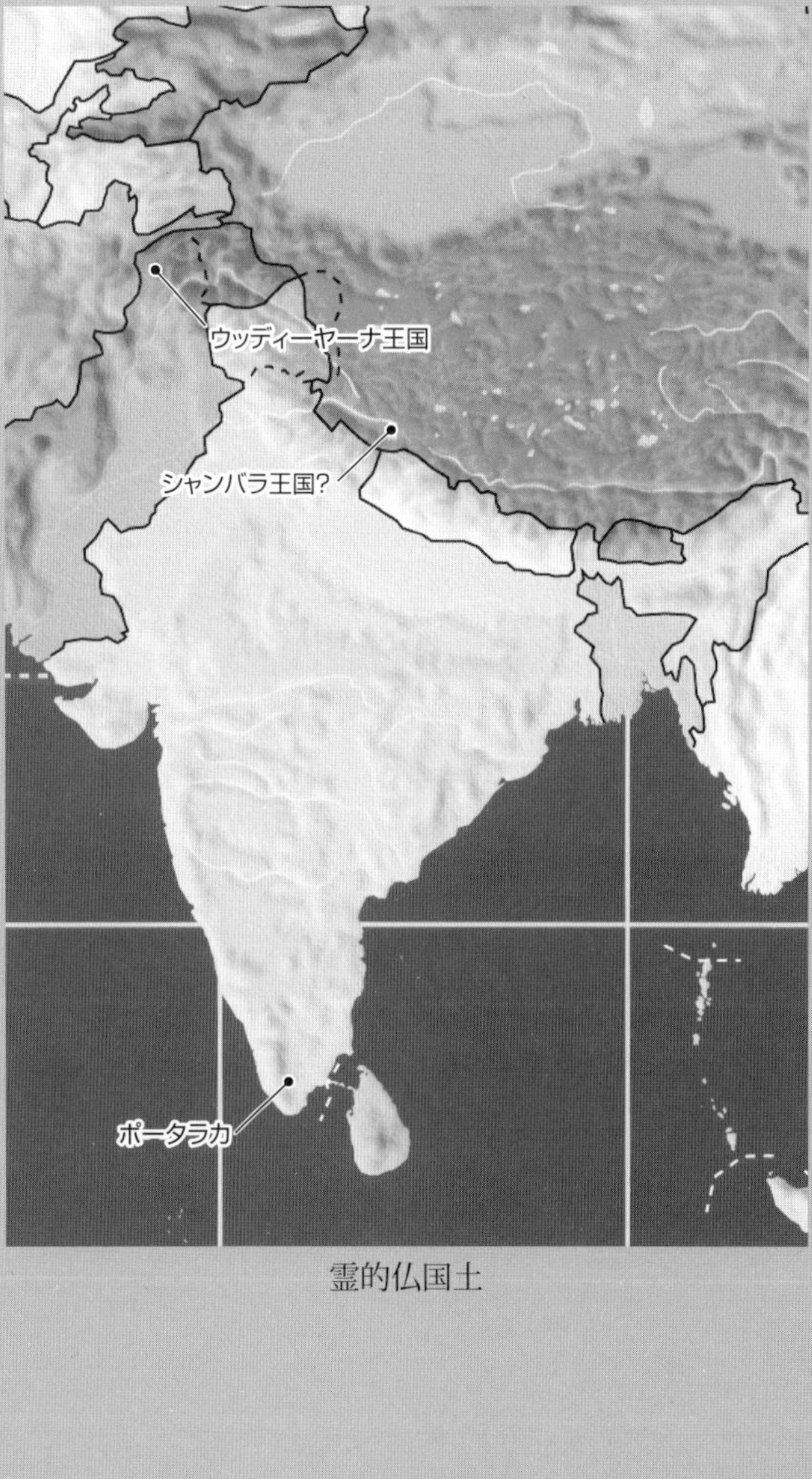

霊的仏国土

に霊感を与え、八歳の子供を授けられたと伝えられています。その子供が後のパドマサムバヴァであると語られています。

密教経典ではウッディヤーナの土地は、ダキニが空を舞う楽園だと語られ、ウッディヤーナ国には十万人の悟った人々がいたとも伝えられています。ウッディヤーナの王様インドラブーディはマハーヨーガタントラの成就者《じょうじゅしゃ》として、インド中に知られていました。また、道端で物乞いする乞食から物売りの商人まで、菩薩の十地の如来地という悟りの境地に達した人々が十万人いたと言われています。十万人の成就者がいたというウッディヤーナは、まさに仏国土、理想郷だったのです。

唯識哲学（ヨーガチャーラ）の宗祖のアサンガ、バスバンドゥ兄弟もウッディヤーナの出身です。またニンマ派の師祖ガラップ・ドルジェ、ヴィマラミトラ、そしてパドマサムバヴァもウッディヤーナの出身です。

ところが、十世紀頃から十三世紀にかけてイスラム教徒がインドに侵入し、インド仏教の重要な学問センターや寺院を破壊してゆきました。十三世紀初頭にはこのイスラムの侵略によって、インド仏教は完全に滅んでしまいます。それと同じくウッディヤーナの仏国土も、残念ながら全て滅んでしまいました。

ウッディヤーナに伝えられたインド仏教は、そのままチベットに伝播し、チベット仏教として守り伝えられています。ウッディヤーナの密教の教え「ゾクチェン」がパドマサムバヴァによって、インド密教最高の教えとしてチベットに伝えられたのです。その「ゾクチェン」を今も現代に守り伝えているのが、ニンマ派の教えです。

シャマタ・ヴィパシャナー

仏教の伝統的な瞑想は、「シャマタ・ヴィパシャナー（止観）」が上座部、大乗、密教に共通の瞑想の基盤として伝えられています。「シャマタ（止《し》）」とは、心を静め、深い意識の層に辿り着くことが出来る瞑想法です。「ヴィパシャナー（観《かん》）」は、深い洞察力によって存在を分析してゆく瞑想法です。

「シャマタ・ヴィパシャナー」は、日本では「止観《しかん》」として、天台宗に「天台止観」という教えで伝わっています。「シャマタ」は静寂、「ヴィパシャナー」は明晰という意味になります。

「シャマタ」とは、止めるということです。「シャマタ」は、呼吸を制御して心の働きを静めることによって静寂な心の状態を得ることを目的とします。心の働きが静まってくると、物事をまた現象界をありのままに見ることができます。それが、「止」という意味です。

例えば、泥水がそうです。私達の心には、煩悩という泥や塵、垢などが染み付いているとされています。それは真水に泥が混じった泥水のようなもので、いつも外界の刺激に踊らされ、かき乱されています。きれいな蝶を見ると目が移り、嫌なものを見ると目を背けたり、何か音がするとビクッとしたり、昨日の事を思いだして後悔したり、明日の予定に不安や期待を覚えたりと、いつも泥水がかき回され、濁った水のままでいる状態なのです。

「シャマタ」は、その泥水をそのままにしておく瞑想法です。泥水はしばらく何もせずに静かに置いておくと泥の部分が沈澱して、真水の部分と分離します。ゆったりと落ち着いた呼吸をすることで、煩悩という心の働きを鎮め、静かな心の状態を取り戻すことができるのです。これが「シャマタ」の意味です。

「ヴィパシャナー」とは、観ること、観察することです。「観」という漢字で表されます。心の働きという「煩悩」を深く分析してゆくことで、心には何の実体もないという考察に辿り着きます。煩悩を研究する「アビダルマ仏教哲学」を勉強することで、この分析をより深く考察してゆくことができます。ヴィパシャナー分析瞑想を行なうために、四念処《しねんじょ》はとても重要な考察基準となります。

四念処

身（kaya）　**身は不浄なり**
受（vedana）　**感覚は苦なり**
心（citta）　**諸行は無常なり**
法（dharma）　**諸法は無我なり**

この四念処をよく考察し、全ての存在の本質を捉え、鋭い洞察力で観ることによって、明晰な心がもたらされます。四念処によって導きだされる静寂と明晰は、煩悩から心を解放し、途絶えることのない自覚を深める高次の意識に辿り着くことができます。

大日如来の七つの座法

ここでは、密教瞑想を行なう前に、チベット仏教に「大日如来の座法」として伝わる瞑想の姿勢について説明をします。この座法は七種類あるので、七つの座法と言われています。

まず一つ目は、足の組み方です。結跏趺座《けっかふざ》か半跏趺座《はんかふざ》で坐布の上に座ります。重心を丹田《たんでん》からお尻の下半身に落とし、両膝で身体を支えるようにします。お尻と両膝の三点で安定した姿勢を保つことができます。

二つ目は、肩の力を抜いて、手を股の上か膝の上に軽く置きます。もちろん、法界定印《ほっかいじょういん》でも構いません。

三つ目は背筋を真っすぐ伸ばすということです。密教ヨーガの口伝では「弓矢のごとく背筋を伸ばせ」とピーンと背骨を張るようにと教えられます。またタントラヨーガ理論では、この背骨の内側に微細な管が通っていて、この管に微細な風が流れると言われています。瞑想やヨーガを行なう上で背骨をまっすぐ伸ばすということは非常に重要なポイントです。

四つ目は、胸をぐっと、大きく広く張ることです。口伝では「獅子のごとく胸を張れ」と教えられます。胸が狭くなってくると、自然と背中が丸まってきますので、注意しましょう。

五つ目は、胸をぐっと張ると肩や首に力が入ってしまうので、肩から首、顎の力を抜きます。

六つ目は、舌先を前歯の付け根の所に軽く当てがいます。舌先を前歯付け根にくっつけ過ぎると、唾液がいっぱい出てきます。離しすぎると口の中がカラカラに乾いてしまいます。付くか付かないかくらいの、一番良いバランスの位置を見つけてみましょう。

そして、ゆっくりと鼻と口の両方で呼吸をします。息をゆっくりと鼻と口両方から吸い込みます。吸った空気が身体全体に行き届いたと感じたら、しばらくその息をじっくりと味わいます。そして、吐く時も、鼻と口から息をゆっくりと吐きます。

そして最後の七つ目は、目付《めつけ》です。仏教の瞑想は目を閉じることなく、開けたままで行ないます。仏教以外の瞑想では目を閉じるように指導されますが、仏教では目は開けたままと指導されます。仏教の瞑想は目を閉じません。

小乗や大乗の瞑想では半眼《はんがん》もしくは菩薩眼《ぼさつがん》といって、目は半開きのままで前方一ｍか二ｍほど先を一点に集中することなく見ます。チベット語では「テクパ・チェンポ」と言いますが、真正面より下方を向きます。密教の瞑想では、目は自然に開けたまま行ないます。

以上が、チベット仏教に伝わる「大日如来の座法」という瞑想の正しい基本姿勢です。如何なる瞑想を行なうときでも、この「大日如来の座法」から始まり、「大日如来の座法」で終わるようにします。「大日如来の座法」そのものが、瞑想姿勢としての基本ですので、この座法をじっくりマスターするようにしましょう。

大日如来の七つの座法

円環呼吸法

先の「大日如来の座法」の中でも、特に重要なのが、六つ目の「呼吸法」です。ここでは、そのコツを説明します。

七つの座法の中でも、鼻と口の両方で呼吸をすることが説明されました。ここでの呼吸法には、「息を吸う」、「息を止めて味わう」、そして「息を吐く」という三種があります。

この呼吸をしている時には、常に舌先に意識を集中します。鼻から吸った空気は、舌先の表側にピリピリピリと感じます。口から吸った空気は、舌先の裏側にピリピリと感じるはずです。ですから、瞑想をする時には、まず意識を舌先に集中することがコツになります。舌先の表側と裏側にピリピリと風が感じることから意識を集中し、徐々に瞑想を深めてゆくことができるのです。密教瞑想では、この舌を「ドルジェ・金剛杵《こんごうしょ》（煩悩を打ち砕き菩提心を表すシンボル）」の形に変え、観想するようにと指導されます。

一般的なハタヨーガなどでは、呼吸は四つ数えて吸い、四つ数える間止め、そして八つ数えて吐くと教えられます。また、「数息観《すうそくかん》」という呼吸法があります。これは一呼吸を一、二、三と十まで数を数えます。そして十まで行ったら九、八、七とまた一まで戻ってきます。この「数息観」は呼吸を整え、意識を集中することに効果があります。

しかし、「数息観」によって呼吸を数えることで意識を奪われることなく、また、ぎこちなく四つ吸って八つで吐くと数えることよりも、ここではむしろ呼吸を数えることなく、意識を舌先に集中させ、自然な呼吸をすることに努めます。「息を吸い」、「止め味わい」、「吐く」という三種の活動を、身体の外と内を結ぶ大きな円を描くように、ゆっくりと味わうように行ないます。

この自然な呼吸を行なう「円環呼吸法」は、瞑想がさらに深まってゆく上での重要なポイントとなりますので、じっくり修得するとよいでしょう。この呼吸法が自然に出来るようになると、自ずと腹式呼吸になっていることに気が付きます。

オンアーフン呼吸法

次に、この「円環呼吸法」に「オン　アー　フン」というマントラ（根本真言）を当てはめて、呼吸を行ないます。「オン　アー　フン」という根本真言は、全てのマントラの根源です。この根本真言から全てのマントラが派生してゆきました。

「オン」とは、宇宙の創造の音。「アー」は仏教の教えの本質である「空性」「シュンニャーター」の音。「フン」は、宇宙の真理が全て現象界に顕される音だと、前に説明しました。

この「オン　アー　フン」のマントラを呼吸と共に、心の中で唱えます。「オン」という音を心の中で唱えながら、全ての宇宙エネルギーを体内に吸い込みます。そして、「アー」という音を心の中で唱えながら、宇宙の真理、空なる音をじっくりと味わいます。実際には息を止めていますが、身体全体にアーの音が充満してゆく感覚を味わいます。そして、「フーン」という長音で息と共に、体内に充満した空なる音を、ゆっくりと外宇宙に吐き出します。ブッダの真理の音が現象界に満ち溢れ出します。

一日に朝昼晩、三十分から四十五分間、数日間から数週間ほど集中して、この「オンアーフン呼吸」を実習してみて下さい。呼吸とマントラが一つになり、外と内が自然な流れの中で一体と感じるまで行なってみましょう。

コツは、「オン」の音で清浄な宇宙エネルギーを体内に取り込みます。このエネルギーに身体が満たされている状態で、「アー」という空なる音を味わう中で、心の中に潜む欲や怒りなどの感情、煩悩を溶かし去るようにイメージします。そして、「フーン」という長音で息をゆっくり吐き出すときには、体内に宿る全ての感情や思いなどを吐き出すようにします。

特定のマイナスの感情や思考は、身体のある特定の部分に緊張やコリとして根付いていています。ですから、それらの心身の緊張を全てほぐすように、吐く息と共に、特定の身体的なコリや痛みなどの緊張を弛めるように、「フーン」と力を抜いてゆくのです。

今まで感じ得なかった微妙な体の変化が感じられるでしょう。「あれ、肩がこんなに凝っている」とか、また一方で、「何か、スーッと暖かいものが流れているのが感じられる」など、今まで感じることができなかった非常に微妙な感覚を捉えることができます。身体を脱力し、心がリラックスしていく、自分の気持ちを自然な呼吸に持って行くことが、コツです。

この「オンアーフン」呼吸法に慣れ、スムーズに行なえるようになってきたら、次には毎日の日常生活の中で行なうようにしてみます。毎日の生活の中では、様々な欲望や怒りなどの感情が起こってきます。この「オン」で息を吸って、「アー」で味わい、「フン」で吐き出すという、一回の呼吸のサイクルで、感情がどの様に広がり変化してゆくかを観察してみましょう。

あらゆる状況の中で、「オンアーフン」というマントラの音のエネルギーを、実際の感情に当てはめてみます。マントラの響きが、マイナスの感情や思考を溶かし去り、清浄な心を保つことができるでしょう。特に一日の中で、感情に支配された時、出口が見つからないときにこそ、行なってみましょう。

自分自身の心と身体の微細な変化を知っていくほどに、非常に大きな効果がありますので、実践してみるといいと思います。

第六章　「キェーリム」生起次第

観世音菩薩の観想法　その一

ここでは、観音様の瞑想法を解説したいと思います。チベット仏教には様々な瞑想法がありますが、「オンマニペメフン」というマントラを通して、「観想法」という瞑想をやってみます。

チベット語では「観想法」の事を「キェーリム」といいます。キェーリムとは日本語で「生起次第《しょうきしだい》」と訳されます。チベット語で「キェー」とは「呼び起こす」「立ち起こる」という意味です。つまり、イメージ（観想）の中に仏という対象を呼び起こすのです。ここで呼び起こす対象は、観音様、観世音菩薩です。観世音菩薩は三十三変化されると伝わっていますが、ここでは最も一般的な「聖観音《しょうかんのん》」を観想します。

「一面四腕の聖観音菩薩」
智慧のシンボル「マニ（摩尼宝珠）」と、
慈悲のシンボル「パドマ（蓮華）」を持つ

（飯尾　寛氏所蔵）

聖観音の仏画は、身体は白く表されています。聖観音は顔が一つ手が四本（一面四腕《いちめんよんぴ》）です。四本の手の一組は、右手で水晶の数珠を持っておられます。左手には、蓮の花を持っておられます。

蓮の花は菩薩のシンボル、象徴と言われています。蓮の花は泥の池の中から咲きます。蓮の花は汚い泥水に混じることなく、きれいな花を咲かせます。泥の池とは世俗の喩えであり、蓮の花は菩薩の象徴です。泥のように汚れた娑婆世界に留まりながらも、きれいな利他の花を咲かせる菩薩は、大乗仏教にとって最も大切な行為です。つまり、蓮華の花を持つという行為は世間に関わるという重要な「方便」であり「慈悲」の心です。衆生や世間とは絶対に離れません、見放しませんという「菩薩の誓願《せいがん》」なのです。ですから、観音様は菩薩のシンボルである蓮の花を必ず持っています。

もう一組の両手は、胸の前で合掌をしておられます。そして、その合掌した両手の中に摩尼宝珠《まにほうじゅ》（チンタマニ）を持っておられます。「地蔵菩薩《じぞうぼさつ》」も同じ摩尼宝珠を持っておられます。この摩尼宝珠とは、全ての願い事を叶えることができる宝石と言われていますし、空なる「智慧」を表しています。

「オンマニペメフン」の「マニ」がこの「チンタマニ」です。「オンアーフン」の空性の音「アー」が「マニペメ」と観音様を現す音に変化したのです。こうして、観音様は智慧のシンボルとして「マニ（摩尼宝珠）」と、慈悲のシンボルとして「パドマ（蓮華）」を持っておられる姿として観想されます。観音様のマントラの「オンマニペメフン」には、観音様のシンボルとして表現されています。マントラの音の響きから観音様をイメージできるように表されているのです。

では、「キューリム」と呼ばれる観世音菩薩の観想法を行ってみましょう。

観世音菩薩「キェーリム」観想法

観想法は観音様の仏画を前にして、心地よい座布に背筋を伸ばして、姿勢を整えて坐ります。観音様の仏画を十五分から四十五分ほどずっと凝視します。

あなたが観音様を凝視するほどに、観音様はその慈悲の力によって全ての衆生を見渡し、そして今、目の前にいるあなたをしっかりと観て下さっています。あなたの心の中には、観音様に対する「信」が強く湧き起こり、無明の世界の唯一の避難処として、また三宝を体現された存在として、観音様に対する帰依の心がさらに強く湧き起こってきます。観音様の慈悲に包まれ、その力に深く満たされてゆくと、やがては自分の身体だけに留まらず、観音様の慈悲は四方八方十方へと広がり、さらには六道全ての衆生にまで遍くその慈悲の力が広がってゆきます。観音様の慈悲があなたの心に宿り、悟りを求めたいという強い菩提の心と、全ての衆生に対する深い慈悲の心が起こってきます。

あなたは、六種の衆生に囲まれて坐っています。そしてその時、頭頂の空間に蓮の花をイメージします。その蓮の花には眩く輝く銀色の満月が懸り、その上に清らかな「フリー」という文字が顕れます。この「フリー」という文字は、三世十方の諸仏の慈悲と智慧を全て備えたものであると観想します。そして、この文字から無数の光線が輝きだし、六種の衆生を照らし出します。

六種の衆生が輝く光を浴びて、喜ぶほどに、「フリー」という文字が、観音様の御姿に変化します。観音様の慈悲に六種の衆生が触れ、喜びに溢れてゆく度に、頭頂に戴いた観音様が鮮やかな姿として顕れてきます。

観音様は蓮華の月の台座に座っておられます。顔は柔和で、優しい眼差しで全ての衆生を見つめておられます。

一面四腕の観音様は、白い絹の衣服と赤い絹の腰布をまとっています。身体は、宝石がちりばめられた王冠や耳飾り、首飾り、腕輪、足輪などで着飾られています。髪は編み上げられ、その頭頂には「阿弥陀如来」がおられます。肩には鹿の毛皮をショールのように羽織り、金剛座に坐っておられます。

観音様の慈悲の光は五色の光彩となって、恵みの雨のように全ての衆生に降り注ぎ続けます。観音様は、あらゆる衆生の苦しみや痛み、病気、困難などを取り除き、癒し続けてゆきます。母が子供を慈しむように、全ての衆生は観音様の祝福を受け、いかなる「苦」をも取り除かれ、「楽」を与えられ、喜びに満ち溢れてゆきます。

このように観想をする中で、ありありと観音様の姿を観ることができるように、「オンマニペメフン」「オンマニペメフン」とマントラを唱え続けます。「オンマニペメフン」のマントラの響きが、慈悲の雨のように全ての人々に降り注ぎ、五色の光彩と共振して、観音様の姿と慈悲の力がさらに鮮やかに顕れてきます。

「キューリム」生起次第観想法のコツ

この様に観音様の仏画に対座して、観音様の御姿を心の中にありありと思い浮かべるやり方が、基本的な観想法です。

初めの慣れない間は、目を閉じて、心に白いキャンパスをイメージし、一筆一筆仏画を描いてゆくと良いでしょう。このやり方が、基本的な観想法の一つです。そして、観音様の観想をさらに集中して行なうことができるように、観音様のマントラである「オンマニペメフン」と唱えながら、心のキャンパスに観音様の姿を描いて行き、観想を集中して深めてゆくようにします。この観想に慣れてきたら、観音様を凝視し続け、次に目を閉じて、心の中に観音様をありありと浮かべるようにします。これを繰り返すことで、観音様の御姿や存在をありありと心の中に思い浮かべることができます。

もう一つの「キェーリム」の観想法があります。これは先の白いキャンパスの上に絵を描くよりも、もっと高度な観想法です。

その方法は、あたかも目の前に観音様が存在していらっしゃると確信するのです。その存在は、仏画や仏像のような平面のものではなく、実際の存在としてありありと感じることができるようにイメージします。実際の存在として観音様の肌の温もりや息遣い、優しい眼差しなどが感じられるまで、「オンマニペメフン」と唱え、心の中に観音様を呼び起こし続けます。もしも、実在の観音様を感じることができたなら、感激の余り涙が溢れ出してしまうことでしょう。そのように感じることができ、感激の涙が流れ出るまで、観音様を心から念じ続けましょう。これがもう一つの高度な観想法のやり方です。

次の観想法は、観音様の慈悲の働きを感じ取るのに、非常に効果的です。例えば、何か具体的に日常生活の中で悩んだり苦しんだりしている時、観音様のマントラ「オンマニペメフン」と唱えるようにします。観音様を観想しながら、実際に、観音様から直接慈悲の力を授かっているのだと観想します。

これを「加持《かじ》」を授かると言います。観音経の中には、「旅をしていて盗賊に遭ったときに観音様と唱えなさい。そうすると不思議な力によって、あなたは助けられるだろう」と書かれています。この不思議な力が、まさに「加持」です。日常生活の中で、実際の困難な状況や現実的な問題に直面する時にこそ、「オンマニペメフン」「オンマニペメフン」とマントラを心から深く唱え、観音様から慈悲の力を授けていただけるように祈ります。

観音様は、全ての衆生を救ってくださる誓願を持って悟られた、とても大きな慈悲の存在です。「私もその慈悲の力によって救ってくださいますように」と心から真剣に祈るのです。また、「オンマニペメフン」「オンマニペメフン」と唱え、観音様を念じたその時には、既に救われているのだ、苦しみから解放されているのだと、実感することです。観音様の姿形をただイメージするのではなくて観音様の慈悲をありありと感じ、観音様の懐の中にそのまま包まれていることを実感するのです。「オンマニペメフン」と唱えた瞬間に、観音様によって救われていることに気が付くのです。

これが観想法の一番大切なコツです。「キェーリム」は出来ることから行ない、徐々に高度なものへと進めてゆくのが良いでしょう。いずれの観想法を行なうにしても、観音様の深い慈悲を感じることができ、心の底から優しさと力が湧き起こってくるまで、意識を集中して瞑想修行を行ないましょう。

釈迦牟尼仏陀・初転法輪の地

サルナート、ダメークストゥーパ

「ニンマの九乗」九種の仏教分類法

チベット仏教のニンマ派には、仏教を九種類に分類することができる「ニンマの九乗」と呼ばれる教えが伝えられています。

それは、顕教《けんぎょう》を「独覚乗《どっかくじょう》」「声聞乗《しょうもんじょう》」「菩薩乗」の三乗として分類し、そして、密教を、外《げ》タントラとして「クリヤーヨーガ（所作）・タントラ乗」「チャリヤーヨーガ（行）・タントラ乗」「ヨーガ・タントラ乗」の三乗に分類し、内《う》タントラとして「マハーヨーガ（父）・タントラ乗」「アヌヨーガ（母）・タントラ乗」「アティヨーガ（不二）・タントラ乗」の三乗に分類する分類法です。

全て合わせて「九乗の教え」として分類されています。

また、ニンマの九乗の教えに伝わる密教部を分かりやすく、「真言乗」「タントラ乗」「金剛乗」と三種に分類する方法があります。「乗（ヤーナ）」とは、乗り物という意味です。

真言乗（マントラヤーナ）は、弘法大師、空海が日本に伝えた真言密教そのままであるということが言えます。手に印を結び、口にマントラ（真言）を唱え、心に仏を観想する修行体系です。この「身口意」の三密《さんみつ》によって、修行者であるサマヤサットヴァは智慧の存在であるジュニャーナ・サットヴァと一体になり（入我我入《にゅうがが にゅう》）、「即身成仏《そくしんじょうぶつ》」となります。

タントラ乗（タントラヤーナ）の修行体系は、密教ヨーガ理論に基づいた身体技法を行なうことで、微細な身体と純粋意識とが統一され、大いなる楽、「大楽《たいらく》（マハースカー）」を得ることを目的とします。

金剛乗（ヴァジュラヤーナ）は心にのみ修行の対象を持ちます。マントラを唱えても良いでしょう、ヨーガを行じることも良いでしょう。しかし、ヴァジュラヤーナでは、自身の内にある清浄なる心の本質に気付くことを最大の目的とします。「即身是仏《そくしんぜぶつ》」「自然解脱《じねんげだつ》」、これがヴァジュラヤーナであり「ゾクチェン」での境地でもあります。

「キェーリム」の瞑想法は、マントラヤーナの修行体系に基盤を置いています。「ゾグリム」の瞑想法は、タントラヤーナの修行体系に基盤が置かれ、共に複雑な密教理論と修行体系に裏付けられています。

密教理論ジュニャーナ・サットヴァ

観音様の「オンマニペメフン」のマントラを、密教の視点から理解してみましょう。

観音様だけではなく文殊菩薩もお釈迦様も阿弥陀様も大日如来も、目には見えない姿形を持つことのない、大いなる存在です。この存在は、高次の意識状態です。また、高度な純粋な意識体として理解することもできます

このような大いなる存在を、密教理論では「ジュニャーナ・サットヴァ」と言います。「ジュニャーナ」というのは、サンスクリット語で「智慧《ちえ》」という意味です。「サットヴァ」とは、「生き物」とか「存在」、「衆生」という意味です。つまり、ジュニャーナ・サットヴァとは、「智慧の存在」という意味になります。六種の衆生も皆「サットヴァ」です。私達人間も動物は、皆、体を持っている「サットヴァ」ですが、「ジュニャーナ・サットヴァ」は肉体を持ちません。「智慧の存在としての意識体」ともいえますし、いわゆる仏様や菩薩様という智慧の存在は、肉体を持つ事のない高次の智慧の次元に存在していると理解することが出来ます。

観音様など菩薩達または如来達は、私達の苦しみを解き放とうと、全ての衆

生に智慧の光を投げかけ、働きかけて下さっています。しかし私達は、大いなる存在を信じようともせず、世間の無明の中で四苦八苦し、もがき苦しんでいます。たとえ、観音様が私達に光を投げかけて下さっていようとも、私達は無明の苦しみの中に閉ざされ、観音様の光を観ることができず、感じることもできません。ただただ無明の中で苦しみもがき右往左往しているだけです。

しかし肉体を持つ私達が、一度でも「ジュニャーナ・サットヴァ」に働きかけることができると、例えば、念仏やマントラを唱える、ブッダを観想するなど、「ジュニャーナ・サットヴァ」に呼びかけることを一度でもするならば、「ジュニャーナ・サットヴァ」は私達に働きかけることができます。つまり、私達は「ジュニャーナ・サットヴァ」の働きを感じ取ることができ、「ジュニャーナ・サットヴァ」の存在に触れることができるのです。

この時私達凡夫は、無明の中で光を求める存在として、「ジュニャーナ・サットヴァ」と同質の「サマヤ・サットヴァ」となります。「サマヤ・サットヴァ」の「サマヤ」とは、秘密という意味がありますが、密教の秘密を守る、広くはブッダとの約束を守ると捉えられます。「サットヴァ」とは「生き物」「衆生」という意味ですので、つまり「サマヤ・サットヴァ」とは、仏法僧に帰依をし、怠ることなく「修行をします」と約束をした存在、「修行者」という意味になります。ですから、「仏道を修行する者」となった瞬間に「サマヤ・サットヴァ」として、「ジュニャーナ・サットヴァ」からの働きを受けることができるのです。

「ジュニャーナ・サットヴァ」である観音様は、常に衆生に光を投げかけています。「サマヤ・サットヴァ」である「修行者、念仏者」が一度でも「ジュニャーナ・サットヴァ」に働きかけると、その大いなる存在としての、「智慧の光」を感じ取ることが出来るのです。無明の中で修行者が一生懸命に光に向かって働きかけるならば、光の存在である「ジュニャーナ・サットヴァ」も修行者を観て下さり、救おうと慈悲と智慧の光を投げかけて下さるのです。

修行が深まるほどに、二つの存在の交わる所が多くなり、ついには二つの存在は完全に交わることができます。修行者が、光の智慧と慈悲に救われた瞬間です。密教的にはこのように解釈します。

私達が住む現象界では、仏様は仏像や仏画として人間と同じ手足や姿を持って表現されているので、非常に親しみが持てます。瞑想が深まってくると「ジュニャーナ・サットヴァ」の存在そのものに深く触れることができ、姿形のない大いなる存在を実感することができるのです。

集合の輪という考えがあります。二つの丸い輪が重なっています。Aが「ジュニャーナ・サットヴァ」の層だとすると、Bは「サマヤ・サットヴァ」の輪です。ここに重なる部分が出来ます。AとB、集合の輪の重なっているこの部分、これがいわゆる私達が瞑想によって得られる功徳であり、ブッダの意識体「ジュ

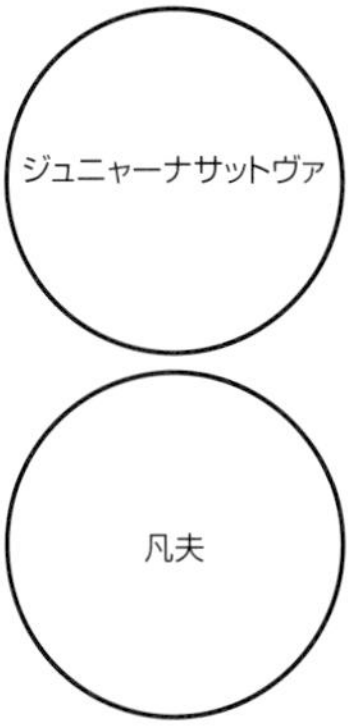

凡夫はジュニャーナサットヴァの
働き掛けに気付かない

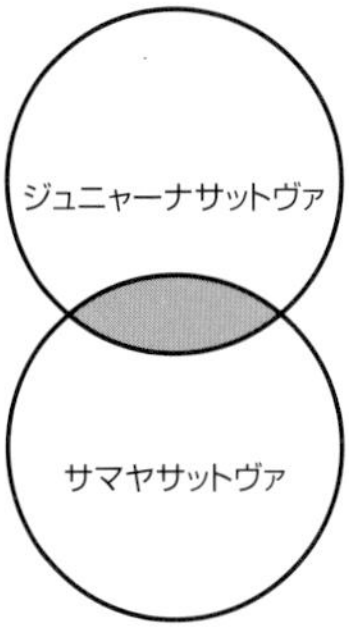

凡夫が一度、修行者になると、
ジュニャーナサットヴァからの
働き掛けに感応することができる

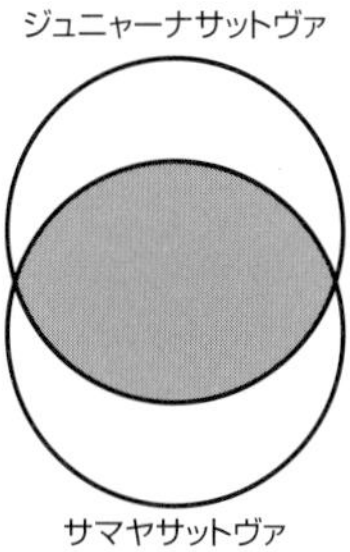

修行が深まるほど、
ジュニャーナサットヴァと
サマヤサットヴァは深く交わる

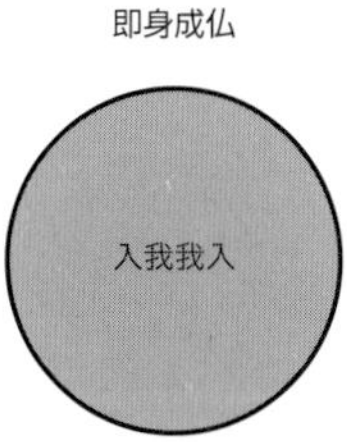

ついには、
ジュニャーナサットヴァと
サマヤサットヴァは一体となる

ニャーナ・サットヴァ」にタッチすることができる領域です。それがAとBが交わるところなのです。仏の質に触れることが出来る瞬間です。

これは、凡夫が修行によってブッダの意識に触れることができるという可能性を密教理論によって説明したものです。仏道者が、なぜ仏道を修行するのか、なぜ修行をすることによって救われるのか、これが解るほどついには一つの大きな輪、「ジュニャーナ・サットヴァ」の存在（入我我入《にゅうがが にゅう》）として即身成仏するのです。

正しい手段と目的を持って修行すれば、必ず「サマヤ・サットヴァ」は「ジュニャーナ・サットヴァ」と一体になるのです。これが密教理論によるジュニャーナ・サットヴァ、サマヤ・サットヴァの意味です。

親鸞聖人《しんらんしょうにん》が、「南無阿弥陀仏《なもあみだぶつ》」を唱えることで阿弥陀如来に救われていることを感得されたことは凄いと思います。『大無量寿経《だいむりょうじゅきょう》』の中に書かれている法蔵菩薩《ほうぞうぼさつ》の四十八の誓願の中でも、親鸞聖人は第十八誓願を深く理解し、只々「南無阿弥陀仏」と唱えることで、阿弥陀仏に救われていると悟られたことは、天才的な理解であると思います。それが、この密教理論で裏付けられているのです。

「サマヤ・サットヴァ」からの「ジュニャーナ・サットヴァ」への働きかけは、私達の修行者としての生き方を示しています。日常生活のあらゆる状況の中に、仏道修行者としての実践があり、生活と修行を切り離すことが出来ないと理解できます。あらゆる日常の中でこそ、「ジュニャーナ・サットヴァ」の存在によって救われていることに気付くことが修行だと言うこともできます。

それが、この「オンマニペメフン」と観音様のマントラを唱える深い境地でもあります。ですから何も仏教の深い教えを知らない子供も「オンマニペメフン」と唱え、生まれたばかりの赤ちゃんにも「オンマニペメフン」と語りかけるわけです。蟻やミミズ、すべての動物に対して「オンマニペメフン」と語りかけることで、観音様という「ジュニャーナ・サットヴァ」を現象化し、存在を顕しているのです。

「オンマニペメフン」とマントラを唱える行為そのものが、「聖音」の持つ働きによって「世間」を「観」、その響きが「慈悲の力」として、すべての衆生を救う働きを持っているのです。

ヴァジュラサットヴァ

第七章 「ゾグリム」究意次第 観世音菩薩の瞑想法 その二

密教ヨーガ

チベット仏教に伝わる様々な瞑想法の中には、「キェーリム（生起次第《しょうきしだい》）」という観想体系に対して、もう一つの瞑想法として、「ゾグリム（究意次第《くきょうしだい》）」という瞑想体系があります。

ゾグリムは、インド後期密教の教えの中に伝わる「アヌヨーガ・タントラ乗」の中で説かれるクンダリーニヨーガやチャクラヨーガという複雑な密教のヨーガ理論に基づいた高度な身体技法として伝えられています。

先に「オンマニペメフン」のマントラに、六道とそれを生じさせた六種根本煩悩を観想する訓練をしましたが、「キェーリム」と「ゾグリム」という二種類の密教瞑想法を実践することで、「オンマニペメフン」のマントラ行をさらに多層的な次元へと、その深みを求めてゆくことができます。

三管四輪

チベット密教に伝わるチャクラヨーガの密教理論では、人間の身体には会陰《えいん》から頭頂に伸びる一本の脈管《みゃくかん》（ナーディ、ツァ）があると教えられます。その中央管には、左右に副次的な管があり、管は合計で三本になります（三管）。その脈管には風（プラーナ、ルン）と呼ばれる微細な生命エネルギーが流れています。

この脈管は、大樹が枝を複雑に分けているように、中心的な脈管から細い脈管が七万二千に分かれて広がっています。その脈管の中心が身体上にいくつか存在しています。それらは「チャクラ」と呼ばれる、微細な神経組織の中心です。チャクラとは、「輪」という意味です。人間の身体には、頭頂、眉間、喉、胸、上丹田、下丹田、会陰《えいん》と合計七つのチャクラがあります。このうち、頭頂と会陰は他の五つのチャクラが開いたときに活性すると言われています。そして、上丹田、下丹田は臍としてまとめられるので、根本的には眉間、喉、胸、臍の四つのチャクラ（四輪）を、刺激し活性化し開くことが、密教ヨーガにとっての重要な修行だと言われています。

これらのチャクラを活性化し、微細な風が流れることによって垢や塵のような煩悩という心的ブロックが外れ、会陰に眠る根源的な生命力である「クンダリーニエネルギー」が眼を醒まし、そのエネルギーを頭頂まで上昇させることが、ヨーガの根本的な目的であり、覚醒状態をもたらす修行の果となります。

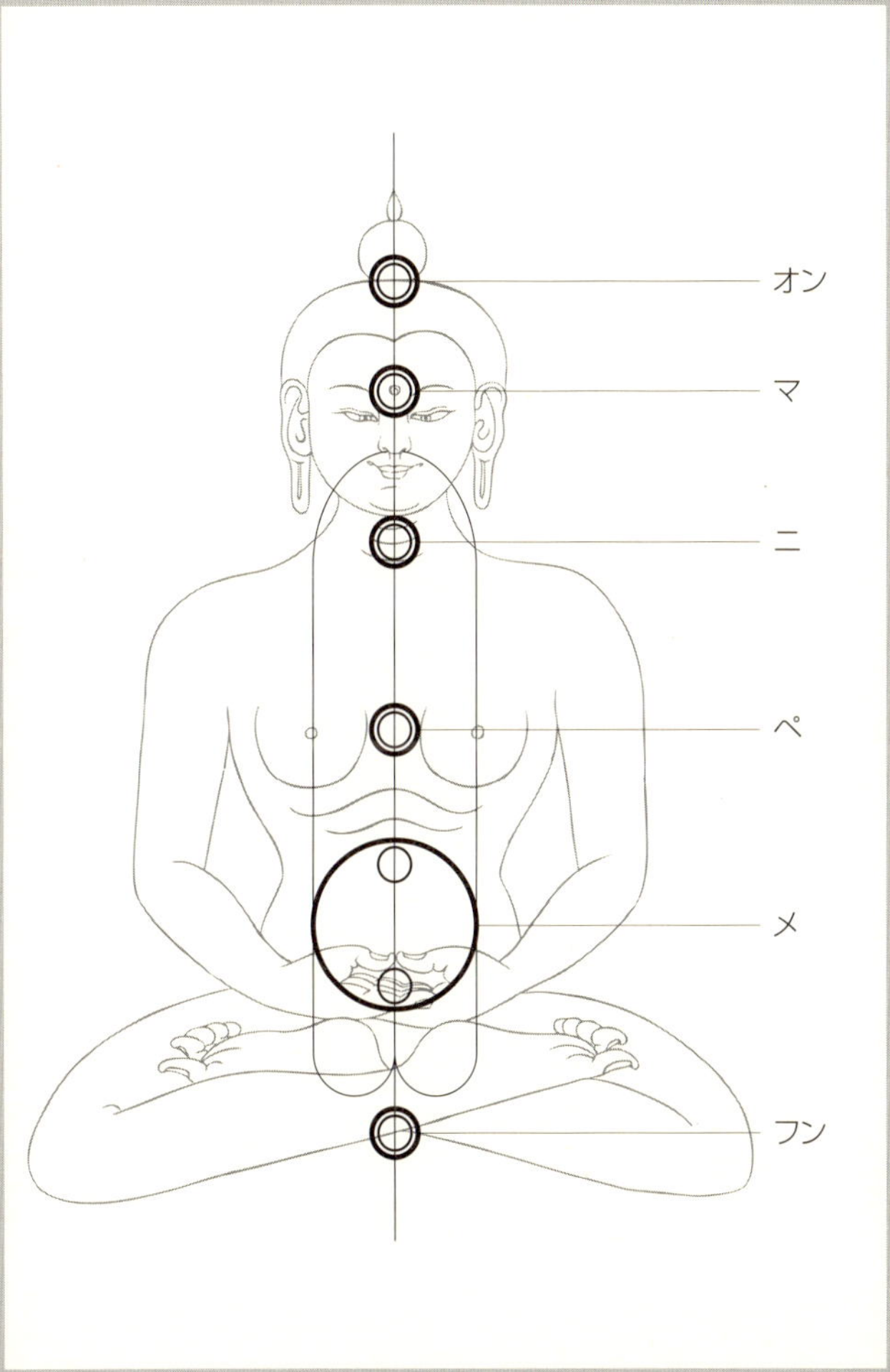

身体チャクラ図

観音様の「ゾグリム」瞑想法

ゾグリムの密教ヨーガ身体技法を、観音様の瞑想法として行ないます。

先に説明をした「大日如来の七つの座法」で座り、ゆったりと瞑想の準備をし、「オンマニペメフン」とマントラを唱え始めます。その時、頭頂、眉間、喉、胸、臍（丹田）、会陰と六つのチャクラに、「オンマニペメフン」のマントラの響きを対応させてゆきます。

「オン」は頭頂、「マ」は眉間、「ニ」が喉、「ペ」は胸、「メ」は臍、「フン」が会陰（性器と肛門の間のツボ）となります。「オン・マ・ニ・ペ・メ・フン」とゆっくりと、一音一音マントラを唱えながら、身体の六つの各チャクラの箇所に響きを感じ取り、音によって各チャクラを震わせてゆくようにします。

コツは、背筋をまっすぐ伸ばすことです。

「オンマニペメフン」の各聖音を一呼吸として、一つ一つの音の響きを身体の各部に広げてゆきます。呼吸とマントラ、そしてチャクラとが一つに響き合うように、マントラを唱えてゆきます。一音一音の音の響きと各チャクラの広がりを感じ取ってみましょう。

自分のペースとリズムで構いません。気持ちいい方へ気持ちいい方へと感覚を深めてゆき、観音様を身体で感じ取ることが出来るようになることが最も大切なコツです。

四十五分ほど、このように身体で感じながら、「オンマニペメフン」と、ゆっくり一音ずつマントラを唱えてみましょう。

心的ブロックと六種根本煩悩

この「オンマニペメフン」のマントラとチャクラの関係を、仏教心理学的に説明しましょう。

怒りや欲、無知などの様々な煩悩は、心的ブロックとして身体の生命エネルギーの自然な流れを妨げていると捉えられています。欲や怒りの感情に支配され満たされることのない煩悩は、心的ブロックとして身体の特定の部分に付着しているのです。つまり、「六種根本煩悩」が心的な滞りや障害として、身体のチャクラに対応するように自然な生命エネルギーの流れを塞いでしまっているのです。

そこで、チャクラの各部位に詰まった垢、塵、泥などの心的ブロックを、「オン・マ・ニ・ペ・メ・フン」と一音一音唱えることで、そのマントラの音の響きで身体のチャクラを振動させてゆくようにします。マントラの響きによって、各チャクラを振動させ、心的ブロックを浄化させ、生命エネルギーを活性化させてゆくことが、ゾグリム瞑想法の第一の目的です。

各チャクラと六種根本煩悩の対応は次のようになります。

「オン」　頭頂　高慢、プライド
「マ」　眉間　疑い、疑念
「ニ」　喉　自我意識
「ペ」　胸　無知
「メ」　臍　欲望
「フン」　会陰　怒り

ཨོཾ་མ་ཎི་པདྨེ་ཧཱུྃ

「オンマニペメフン」とマントラを唱えながら、その音の響きによって各チャクラの心的ブロックを溶かし去ることができると、脈管の中に微細な風が自然に流れるようになってゆきます。

先の章で「六種根本煩悩が六道輪廻の世界を作り出している」「世界は心の投影である」と、説明しました。つまり、各チャクラのポイントが、六種根本煩悩が生み出す「天・阿修羅・人間・畜生・餓鬼・地獄」という六道に対応しているのです。そして六道の原因は、身体のチャクラに六種根本煩悩として巣くっている心的ブロックとして観ることができるのです。

ですから、「オンマニペメフン」とマントラを唱えることとは、六道輪廻を創り出している心的ブロックを壊す働きがあるといえます。六種根本煩悩という心的ブロックをマントラの響きをもって溶かし去ることで、脈管の中を心地良い自然で微細な風が流れるようになってゆきます。

この心的ブロックの崩壊プロセスでは、マントラの響きと共に、非常にリラックスした感覚を味わうことができます。それは微細で微妙な感覚ですが、煩悩の意識から解き放たれるほどに、微細な風を感じることができ、自由な開かれた意識を自覚することができるでしょう。この開かれた自覚は、「楽《らく》ある意識状態」でもあります。その「楽」は、苦楽という相対的二元的なものではなく、「空」なる意識状態と等しい「大きな楽」「大楽《たいらく》」です。

「オンマニペメフン」「オンマニペメフン」とこのように唱え続け、ゾグリム瞑想法を、四十五分ほど行ってみて下さい。

「オンマニペメフン」と光彩

次に、マントラを唱えながら、さらに複雑な観想を取り混ぜて行ないます。そ

れは、身体のチャクラの各部位に対応するように「オンマニペメフン」という
マントラの音の振動と光の色の波長を、各チャクラで感じ取るようにします。

「オン」　白色
「マ」　緑色
「ニ」　黄色
「ペ」　青色
「メ」　赤色
「フン」　黒色

このように密教理論的には、音と光の色が対応しています。
各チャクラの六つの身体的なポイントと心的ブロックに対し、音の響きと振

動、そして光の波長によってブロックを溶かし去るように、内的作業を行ってゆきます。音のバイブレーションと光によってブロックを溶かし去ってゆくように心掛けてマントラを唱えてみましょう。

「オンマニペメフン」という音が持つバイブレーションと光の色の波長との関係の中で、日常生活での具体的な経験や過去の体験、六種根本煩悩から派生した自分自身の具体的な心的問題をしっかりと捉えるように、一つ一つのチャクラに「オンマニペメフン」というマントラに対応させてゆきます。「オンマニペメフン」というマントラを唱える間、このような複雑な心的作業を丁寧に行なって下さい。それによってより深い実際的な心的効果をもたらすでしょう。

「オンマニペメフン」というマントラの一つ一つの聖音が持つ音と光は、光彩として放たれてゆきます。「光明」の本質から発せられた一つ一つの聖音は、外の世界では様々な現象として顕れてゆきます。一つ一つのマントラの音が、現象を生み出していると言えます。そして身体内では、微細な風と共に身体の各チャクラを照らしそれを活性化し、自然で健全な状態へと導いてくれます。
音も光の色も元々は同じ振動、波長という性質を持っています。「オンマニペメフン」のマントラの本質は、無明によって二元の幻影へと引き裂かれた存在を、その聖なる波長によって、本来の自然な姿に留めることができる妙なる力があると言うことが言えるのかもしれません。

「オンマニペメフン」と唱え、マントラの音そのものになりきる時、自分の心の中から響いてくる色、感じることの出来る色を捉えることが重要です。「あ、このチャクラの音は何色だったかな?」「マの音は何色だったかな?」と、記憶を思い出しながらルールに囚われて行なうよりも、マントラの音になりきり純粋な意識から発せられてくる色や光を、実際に「あるがまま」のものとして観ることに意識を開いてゆきましょう。

その瞑想の中で起こってくる体験が、まさに「ジュニャーナ・サットヴァ」が「サマヤ・サットヴァ」に投げかけた光なのです。色の波動、色の色調、トーンなどと、与えられたルールの色にこだわらず、純粋に心の中に起こってくる「光」「虹」の顕われとして、それを感じ取ってみましょう。

様々な顕れが、異なった光や虹の色として顕れたとしても、それは何も不思議なことではありません。事実、様々なタントラ経典が編纂される中で、密教経典によっては、マンダラの東南西北の色の配置が異なっています。基本的なマンダラの配色は、東が白、南が黄、西が赤、北が緑となっていますが、密教経典によってはその配色が異なるのです。それは、タントラ経典の編集者が瞑想の中で受け取ったヴィジョンが異なっていたために、異なった配色が成されたのだと言われています。

意識の転移　ポワ

マントラを唱える中で、「オン・マ・ニ・ペ・メ・フン」と、天界から順番に地獄へと、そして身体の頭頂のチャクラから底部の会陰のチャクラへと、意識の光が音と共に降りてゆきます。マントラの甘露の音と光は、六道の住人達全てに広がり、その功徳ある光明の性質、大いなる慈悲を受けた生き物は大喜びをしています。地獄の住人達にさえもその光が届き、地獄の苦しみの中で光明に包まれることでしょう。

自分の外の世界に、そして内なる身体内部にも観音様の「光明」が遍く広がり、全ての存在が智慧の光に包まれてゆきます。そして、世界は光が彩なす様々な現象として顕現していますが、その現象もまた、観音様の光の戯れとして顕れていると観ることができます。

このように、「オンマニペメフン」とマントラを唱え続けます。そして最後に、「フリー」と唱えて終わります。あるいは、マントラを唱える時には、「オンマニペメフンフリー」と一つのマントラごとに唱えても良いでしょう。「フリー」というマントラは、阿弥陀様の一字真言「キリーク」です。梵字では「キリーク」と表現されますが、チベット語では「フリー」と発音します。「フリー」と唱えた時に、マントラによって覚醒した意識が頭頂のチャクラから抜けて、頭頂の上に位置する阿弥陀の浄土へとその純粋意識が移ったと感じてみましょう。観音様の光明と阿弥陀如来の光明は本来一つのものです。そして阿弥陀の浄土は、本来心が持つ純粋な性質そのものなのです。「オンマニペメフンフリー」とマントラを唱えることによって、一粒の水滴が大海と一体となるように、観音様と一体となった意識は、阿弥陀如来という根源的な光明の意識に帰ってゆきます。

しばらく静かにその阿弥陀如来の光明の中に留まり、阿弥陀如来の浄土の感覚を味わうようにしましょう。そして、静かに身体の中に響く聖音を味わい、身口意を含めて身体の微妙な感覚や自然な意識の状態に留まり続けましょう。

修行の果

「オンマニペメフン」とマントラを唱える瞑想を行ない、音の持つ響きと意識の中で起こってくる光の波動を、一日に何回か、一時間か四十五分位集中して、練習を行ってみましょう。出来れば毎日朝昼晩、出来なければ朝晩行なうと、必ず良い果を得ることができるでしょう。

その時、「私は観音様の慈悲によって、救われている」という喜びの感覚や、「なんと満たされているのだろう」という思い、「大いなる存在に守られているのだ」という確信を一瞬でも本当に感じ取れることがあるでしょう。それが、観音様というジュニャーナ・サットヴァからの働きかけを感じられた瞬間であるということが出来ます。

この様な感覚や確信を一度味わうことができれば、その味を二度と忘れることはありません。まさに、「オンマニペメフン」とマントラを唱えれば唱えるほど、その感覚が音の響きと光の波動として甦ってきます。そして、なによりも心が非常に楽になってきます。不思議なことですが、一人一人の精神的内側で確実な変化や兆しを実感することができ、その体験が自身を更に軽く楽しくし、感覚が敏感になり、意識が光り輝いてきます。また、周りの人達もなぜか不思議に観音様の光明を感じ取ることができるでしょう。

これが「オンマニペメフン」とマントラを唱える修行の果です。是非続けてみて下さい。

菩薩のクオリティ

如来と等しい存在である観音様のような菩薩も、私達のような初地に起つ菩薩も、仏道修行者として菩薩の誓願を起て、ブッダの道を一歩踏み出した瞬間に、同じクオリティ（性質）を持つ菩薩となります。菩薩の第十地の如来地の観音様と私達のような初地の菩薩では、力の差は確かにありますが、菩薩の性質そのものには何の差も有りません。

ではそのクオリティとは何でしょうか。それは、「利他心《りたしん》」です。菩薩とは自分だけの悟りを求めることなく、常に他に対して利する行動をすることが目的となります。自分の目の前に苦しんでいたり悲しんでいる人がいたら手を差し伸べ、一緒になって悲しみ、その苦しみを分かち合い、楽しい時には共に喜ぶという行動が、菩薩の生き方に大切なことなのです。

観音様は六種の衆生を救うことができる大きな慈悲の力を持つ存在ですが、私達のような初地の菩薩でも、眼の前で苦しむ人に利他の心を差し向けることはできます。

菩薩の修行は、仏教の教えではちゃんと定義されています。それは六波羅蜜です。六波羅蜜が菩薩の行なうべき六つの修行徳目です。この六波羅蜜に「オンマニペメフン」のマントラの音と光の色を、各チャクラに合わせて唱えてゆきます。「オンマニペメフン」と六道、六種根本煩悩、六波羅蜜に全て対応しています。

頭頂のチャクラから順に、聖音と共に降りてゆきます。

「オン」は、「天界」を創り出す「慢心」に対します。その修行徳目は「禅定波羅蜜」です。

「マ」は、「阿修羅界」を創り出す「嫉妬心、疑い、妬み」に対します。その修行徳目は「忍辱波羅蜜」です。

「ニ」は、「人間界」を創り出す「我見」に対します。その修行徳目は「持戒波羅蜜」です。

「ペ」は、「畜生界」を創り出す「無知」に対します。その修行徳目は「精進波羅蜜」です。

「メ」は、「餓鬼界」を創り出す「執着心、欲望」に対します。その修行徳目は「布施波羅蜜」です。

「フン」は、「地獄界」を創り出す「怒り、嫌悪」に対します。その修行徳目は「般若波羅蜜」です。

「オンマニペメフン」身体チャクラ対応図

	輪	六道	煩悩	色	波羅蜜
オン	頭頂	天界	慢心	白	禅定波羅蜜
マ	眉間	阿修羅界	疑、妬み	緑	忍辱波羅蜜
ニ	喉	人間界	我見	黄	持戒波羅蜜
ペ	胸	畜生界	痴、無知	青	精進波羅蜜
メ	臍	餓鬼界	執着	赤	布施波羅蜜
フン	会陰	地獄界	怒り	黒	般若波羅蜜

このようにゾグリムによる「オンマニペメフン」のマントラは、微細な身体のチャクラに対応するように音や光の色、そして六種根本煩悩、六道、六波羅蜜と多層的な観想を深めてゆきます。

最後に、「オンマニペメフン」のマントラの中で、各チャクラに対応する実際的な場面や人間関係、現実的な状況等をイメージしてみましょう。先には、煩悩が引き起こした怒りや欲などを観る練習をしましたが、ここでは逆のアプローチを行ないます。

「オンマニペメフン」のマントラを唱えると、六波羅蜜が持つ光の性質、菩薩のクオリティが、過去の記憶の中にある煩悩の具体的な働き、経験を癒してくれます。例えば、「メ」という音を唱えている時、布施波羅蜜の菩薩のクオリティが持つ赤い光の性質は、餓鬼界を生み出す執着心を照らしだし、その煩悩の働きを鎮め、やがて滅し去り、本来の自身の心を癒す働きがあると観想してゆきます。「フン」という音を唱えている時、地獄界を生み出す黒闇の中に巣くう具体的な怒りや嫌悪の働きや経験を、般若波羅蜜が持つ光の性質が融かし去り、そこに光が注ぎ無明が晴らされてゆくように観想してみましょう。

具体的な一つひとつのイメージを捉え、煩悩の闇に観音様の光明とその光彩を当ててゆくようにします。自分だけの修行に留めずに、他の人や世間に働きかけるという「善」なる心を具体的にイメージすることを大切にしましょう。音と光の菩薩のクオリティを感じ、その感情、感動を心の中に広げてゆくことができると、一層効果があります。

光明の多次元的広がり

この「オンマニペメフン」というマントラを唱える修行はとてもシンプルな行ですが、「オンマニペメフン」のマントラの音が幾重にも折り重なるように、多層的な構造を持ち、多次元的な深みと働きとして構成されています。

空にかかる虹は、どこかに形があるのではなく、空中に散らばる無数の水滴に光が当たって、色と形が顕れます。その虹のように、「光明」から発せられた様々な色調を持つ「光彩《こうさい》」が、慈悲の光の帯として、私達に雨のようにやさしく降り注いでくれるのです。

外からは一見すると、ただ単にマントラを唱えているように見えますが、修行者の意識の中では煩悩を浄化し、身体に秘められた微細な力を呼び起こし、菩薩の十地を一歩ずつ歩み始める智慧と方便が湧き起こる、このような高次の複雑な瞑想を行っているのです。この修行によって開かれた意識は更に奥深い層にまで自覚を広げ、多次元的な広がりと共に、日常生活の中での「菩薩の誓願」という深遠なる普遍的な価値に気付くことができるでしょう。

日常生活で座っていても立っていても、働いていていても寝ていても、「オンマ

ニペメフン」「オンマニペメフン」とマントラを唱えていると、心臓の鼓動と同じように心と身体の全てに聖音の一音一音が響くようになってゆきます。

ある時フッと、「観音様に救われている！」「私の意識と観音様の意識との間には、何の隔たりもない」と肌で感じ、血で感じ、「仏性」で感じ取ることができる瞬間があるでしょう。その意識の転換点に触れることができた時、マントラの本当の働きが起こり、知らない内にマントラの功徳が積み重なっていたという実感が起こるでしょう。

日常生活のあらゆる中で「オンマニペメフン」というマントラを唱え、全ての人々とブッダの功徳を分かち合うことができ、観音様の大いなる慈悲を一人でも多くの方と分かち合えることが出来たらと願います。そこには、妙なる不思議な力が顕われます。

第四部
観世音菩薩を観る

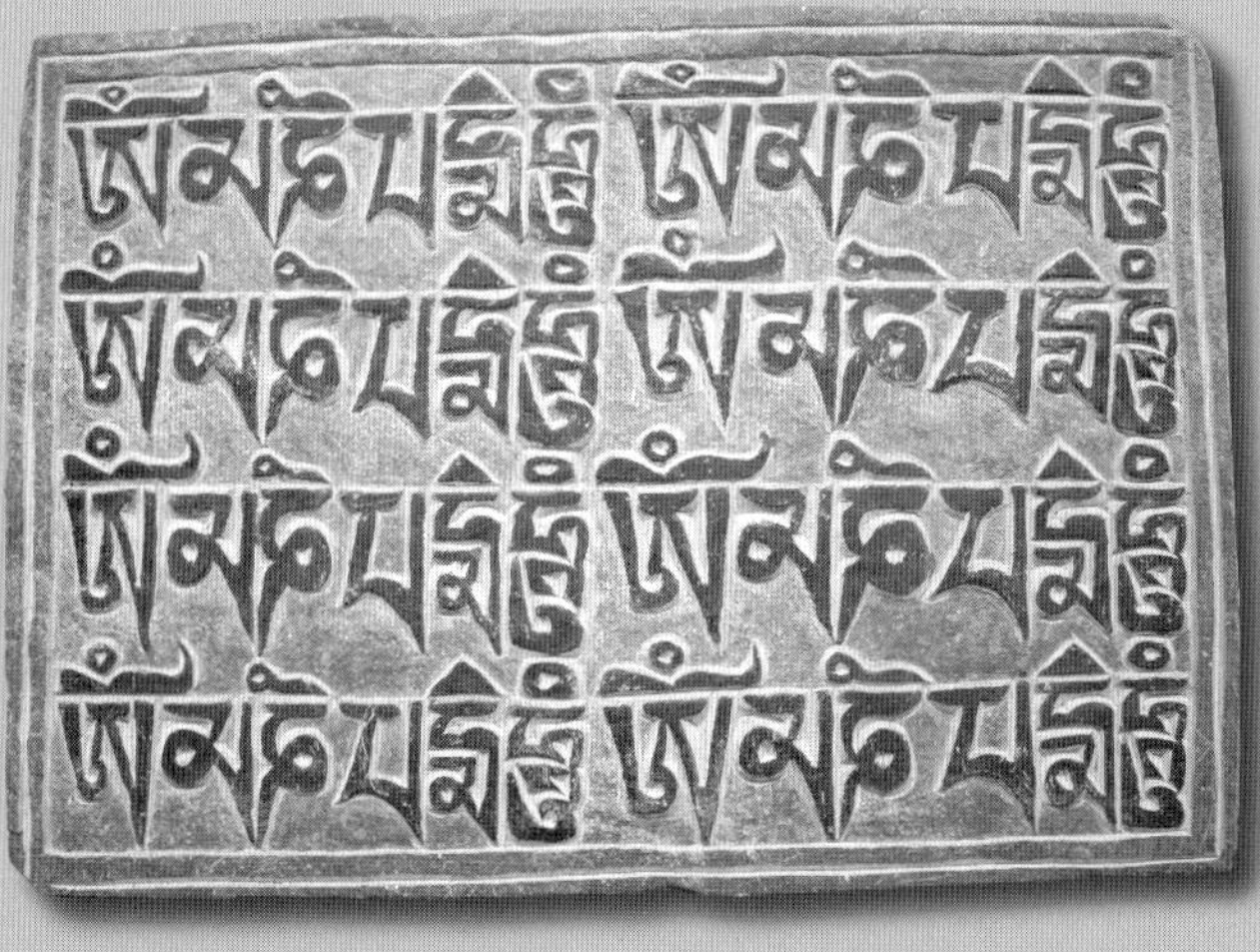

第八章　慈雨の光彩

マンダラ構造

有名な「四門出遊《しもんしつゆう》」の話は、お釈迦様の出家の動機であると言われています。シッダルタ（成道前のお釈迦様の名前）が住むカピラヴァストゥの宮殿には、四つの門がありました。ある日、シッダルタは東の門の外に人生に苦しむ人々を見て、「生きることは苦である」と悟ります。南の門の外では、老人を見て、「老いることは苦である」と悟ります。そして、西の門の外では、病人を見て、「病むことは苦である」と悟ります。最後に北の門の外では、死者を見て、「死ぬことは苦である」と悟ります。その時同時に、出家の聖者を見て、これらの「苦」から解放されるには「出家」しかないと悟ったと伝えられています。この「四門出遊」という有名な話の宮殿は、マンダラ構造になっています。

古代日本の修験道で有名な御嶽山《おんたけさん》にも同じ様なマンダラ的解釈があります。修験道《しゅげんどう》にとっての聖なる霊山「御嶽山」には、東で入門し、南で修行をし、西で成就し、北で涅槃に入るという考え方があります。

全てのマンダラは、中心と東南西北の四方の周辺によって描かれます。普通一般の地図は上が北ですが、マンダラでは基本的には上が西になります。そして、マンダラの入口は東になります。マンダラはチベット語で、「キルコル」と言います。「キル」とは、「中心」という意味で、「コル」は「周辺」という意味です。マンダラとは、中心と周辺を合わせた、全ての空間を意味します。

無明に苦しむ凡夫にとって、世界は混沌としたものですが、人生の目的の焦点をブッダに合わせた時、全ての世界はマンダラとして出現します。自分を失い迷っている時や、自我で周りが見えなくなった時には、マンダラは出現しません。しかし、一度自分の心の中心にブッダが位置した時には、そこが中心となって、四方八方十方にブッダが顕れるマンダラ世界が出現します。

つまり、自分が生きる道の中心がはっきりした時に、端っこの無い広大無辺な空間の中に、仏性という特異点が発生し、その時に初めて心の中にマンダラが出現します。自分という存在が、自我の「我」ではなく、仏法僧を目標とし、また自分が生きる目的、そしてそこに辿り着くための正しい手段を持ったならば、その「仏性」「ヴィディヤ」「明知《みょうち》」「光明」「ブッディー」など言葉は何であれ、その高次の意識、境地に辿り着くことは不可能ではありません。

マンダラ中央の大日如来《だいにちにょらい》は、四方に更なる如来や菩薩として出現します。基

本的なマンダラは、中心には大日如来、東が阿閦如来《あしゅくにょらい》、南に宝生如来《ほうしょうにょらい》、西に阿弥陀如来《あみだにょらい》、北に不空成就如来《ふくうじょうじゅにょらい》と、五仏が配置されています。

密教教典によって、中心が大日如来、もしくは原初仏《げんしょぶつ》や法身普賢如来などと呼び名は異なりますが、基本的なマンダラ構造は同じです。つまり、中心と周辺は別々のものではなく、中心は多様な特質を秘めており、その多様性がダイナミックに四方に出現した状態がマンダラなのです。大日如来の本質の中には、四種の如来の特質と智慧が内蔵されているのです。

オンマニペメフンのマンダラ

「オンマニペメフン」というマントラを唱えると、その光明が光彩として輝きだし、心にマンダラが出現します。「オンマニペメフン」のマントラの音と光彩には、大日如来・阿閦如来・宝生如来・阿弥陀如来・不空成就如来の五仏と釈迦牟尼如来が内在しているのです。ですから、この「オンマニペメフン」のマントラが、六種の音と光彩として、六族の如来を出現させる力があるのです。

オン	**宝生如来**	**平等性智**
マ	**不空成就如来**	**成所作智**
ニ	**釈迦牟尼如来**	**自性清浄智**
ペ	**大日如来**	**法界体性智**
メ	**阿弥陀如来**	**妙観察智**
フン	**阿閦如来**	**大円鏡智**

如来の境地とは、全てが心の性質と特質を表しています。

中心の大日如来は法身として、純粋意識、空性、般若の智慧、般若波羅蜜の智慧、法性、明知など、二元論を乗り越えた状態を様々な言葉で表現しますが、いずれも法界体性智《ほっかいたいしょうち》という智慧です。「ペ」という音と共に顕れます。

この法身が、報身としてダイナミックにその特性を現す次のプロセスが、東に阿閦如来《あしゅくにょらい》として出現します。「フン」という音と共に顕れます。それは「大円鏡智《だいえんきょうち》」という如来の智慧でもあります。水は全てを映し出す働きを持っています。全てのものをありのままに映し出す働き、その智慧が「大円鏡智」であり、阿閦如来の境地なのです。

ありのままに映されたものとは、全てが平等、分け隔てのない働きを持っています。それは、宝生如来《ほうしょうにょらい》が持つ「平等性智」という智慧です。「オン」という音と共に顕れます。

全てのものが平等に顕れる働きをよく見ると、全ては同じ性質なのですが一つ一つは全て異なり、全て違う構造を持つことに気付きます。それは、見れば見るほど不思議な妙なる世界であることに気付きます。それが、西の阿弥陀如来《あみだにょらい》の働き「妙観察智《みょうかんさつち》」という智慧です。「メ」という音と共に顕れます。

そして、全てが様々な形として現象化する働きと智慧。それが不空成就如来《ふくじょうじゅにょらい》です。「成所作智《じょうしょさち》」という智慧です。「マ」という音と共に現れます。

そして、「ニ」という音と共に現れる釈迦牟尼如来《しゃかむににょらい》の本質は、「自性清浄智《じしょうせいじょうち》」という智慧です。

この「オンマニペメフン」という音と光彩が、五族の如来と釈迦牟尼如来を合わせて、六族の如来の境地に対応しており、五智と五仏は全て心の働きを表しています。

「オンマニペメフン」「オンマニペメフン」と唱えるほどに、六族の如来がマンダラとして出現します。そして、「オンマニペメフン」の光明が、心の本質を照らし出し、心が物事を認識する過程を詳細に観ることができるのです。

五蘊による誤認のプロセス

「オンマニペメフン」のマントラの響きは、六道、六波羅蜜、マンダラの光彩、五仏、五智として、多次元的多層的に展開してゆきます。五智、五仏の働きは、そのまま、「五蘊《ごうん》（パンチャ・スカンダ）」と呼ばれる五つの存在の構成要素として、「オンマニペメフン」の観音様の働きによって、更にその本質を明らかにしてゆきます。

五蘊とは、色蘊《しきうん》・受蘊《じゅうん》・想蘊《そううん》・行蘊《ぎょううん》・識蘊《しきうん》という五つの心的作用のプロセスを表しています。この五蘊の働きによって、私達凡夫は存在を正しく認識することができずに、誤認することで、存在から切り離されてしまいます。

五蘊（存在を構成する五つの集まり）

色蘊・物質構成要素の集まり

四大（地、水、火、風）

極微（これ以上滅することのできない微粒子）

受蘊・外の対象からの感触を受け入れる感受作用の集まり

想蘊・対象の感覚データを収集し、概念化させる表象作用の集まり

行蘊・感覚概念に基づいた連想活動の集まり

識蘊・認識作用が生む存在要素の集まり

最初の「色蘊」とは、物質構成要素の集まりです。物質とは、「地、水、火、風」の四大が基本的要素となります。また、物質とは多数の小さな極微《ごくみ》粒子が集まったものであるとされ、全ての物質や肉体はこれら四大と極微粒子によって構成されていると理解されます。

私達は、これら四大もしくは極微粒子によって構成された、複雑で複合的な存在を、「眼・耳・鼻・舌、身体」という五つの感覚器官を持って、外界の存在として捉えます。

例えば、感覚器官の一つである「眼」は、「色形」という感覚対象を見て、「眼識」という対象に対応する意識の領域の世界を構成しています。同じように、「耳」には「音」という感覚領域と「耳識」、「鼻」には「香」と「鼻識」、「舌」には「味」と「舌識」、「身体」には「触」と「身識」などが対応します。

つまり、感覚作用には、五つの感覚器官と五つの対象領域、そして五つの認識作用の領域の世界があり、それぞれが三つに分類された領域として構成されています。

そして、これらの感覚作用に、心の器官（根《こん》）、心の領域（処《しょ》）、心の認識作用（識《しき》）の三つを含めて、六根十二処十八界《ろっこんじゅうにしょじゅうはっかい》（三科《さんか》）とし、アビダルマ倶舎論《ぐしゃろん》では説明されています。

六根《ろっこん》十二処《じゅうにしょ》十八界《じゅうはっかい》（三科《さんか》）

	感覚器官	感覚領域	対象に対応する意識
一	眼	色（形）	眼識
二	耳	声	耳識
三	鼻	香	鼻識
四	舌	味	舌識
五	身体	触	身識
	心の器官	心の領域	心の認識作用
六	意	法	意識

アビダルマ哲学では、全ての物事の本質は構成要素の集まりにすぎないと理解されます。「色蘊」は「受蘊」によって知覚されます。この第一の知覚のプロセス「受蘊」は、五感を通して「眼・耳・鼻・舌、身体」を感覚の入り口として、外界の情報を取り入れます。五感という限られた知覚の感覚データ情報で対象を構成しようとするので、この五感の入り口で作られた知覚の構成体は、既に誤ったものになってしまいます。

これらの限定された知覚の対象は、次に概念化という第二の心的プロセスに移ります。それが、「想蘊」です。五感によって収集された対象の感覚データは、ここにおいて印象や概念というイメージといったものに置き換えられてしまいます。例えば、目の前の猫は、白色で、触ってみると柔らかく、フワフワの毛をしており、ニャーオと声を出し…、という情報を五つの感覚器官を通してデータを集めてゆきます。

これら集められた情報を統合して、頭の中でヴァーチャルなイメージを創りあげてゆきます。これが「想蘊」にあたります。しかし、目の前の「猫」と、頭の中のイメージで作られた「ネコ」は同じものではありません。この「ネコ」は、頭の中にあるヴァーチャルなイメージのものです。この「想蘊」のプロセスで、外界の存在からは完全に切り離されてしまいます。そして知覚は誤ったイメージの領域に閉ざされてしまいます。

心的活動によって作り出された誤ったイメージは、薫習《くんじゅう》と言う過去の経験によって心の中に植え付けられた印象を引き出す連想活動を行ないます。これが「行蘊」です。感覚器官が作り上げた概念やイメージに対して、様々な過去の行為や経験、性癖などの心の中に薫習された主観的連想に照らし合わせます。これらが相互に絡み合い、最終的な複合的イメージを作り上げます。先の例にある「ネコ」は、ここではまだ名前がありません。「想蘊」によって作り上げられた「ネコ」のイメージが、心に薫習されている過去のイメージと重ね合わされ、自分にとって最も「ネコ」のイメージに合うものを連想し照合することで、それに適した「ネコ」のイメージを創り上げるのです。

この連想活動による複合的イメージは、最後の「識蘊」によって統合されます。色蘊、受蘊、想蘊、行蘊と存在要素の集合化されたイメージを、この「識蘊」によって意識として対象化します。この認識作用のプロセスが、複合的イメージを対象化した意識として、それを実体として見てしまうのです。しかし、ここで捉えられた意識は誤った実体であり、外界のものとは全く切り離されたものに他なりません。

この「識蘊」において、初めて、「ネコ」という名前が付けられます。この「ネコ」は、目の前にいる外界の「猫」とは全く異なった存在なのです。私達は、この切り離されたイメージの対象に名前を付け、あたかもそれが実在するかのように実体視し、その対象に様々な主観的感情や想いを投影してゆくのです。「ネコ」を怖がったり、愛したり、自分の感情を「投影する」対象として、イメージの中の「ネコ」に対し、「好きか、嫌いか、どうでもいいか」というやり取りを始めます。

対象イメージとして顕在化することで、名前を与え、それを実体視することで感情や思考が生まれ、その心の働きが更なる心の働きを呼び起こし、終わりのない二元の意識の中に落ちていってしまいます。これを、輪廻、サムサーラと呼ぶのです。

この五蘊という心的作用のプロセスは、存在の本質を全くの誤認として捉えてしまうプロセスです。私達の日常世界の全ては、このような誤認のプロセスによって形成されており、私達は世界から全く切り離された心の闇の中に閉じ込められてしまっているのです。これを、無明と言います。

五蘊（パンチャ・スカンダ）は、アビダルマ仏教哲学の中で複雑な哲学体系として語られています。アビダルマ仏教哲学は、アサンガ、バスバンドゥの兄弟によって唯識哲学として発展展開し、如来蔵思想《にょらいぞうしそう》として大乗仏教の重要な哲学的実践的基盤となってゆきました。

チベットの学僧はこれらの論釈書を、哲学的に考察し、心の認識プロセスや心の働きを理解するように勉強してゆきます。これらを理解した後に、瞑想修行を始めます。心の地図なしに瞑想を始めても、道の途上で迷ってしまうからです。

観世音菩薩秘密真言の多次元的智慧の一覧

	六道	煩悩	波羅蜜	輪	色	方角	五大	如来	智	蘊
オン	天	慢心	禅定	頭頂	白	南	地	宝生如来	平等性智	想
マ	阿修羅	疑、妬み	忍辱	眉間	緑	北	風	不空成就如来	成所作智	識
ニ	人間	我見	持戒	喉	黄			釈迦牟尼如来	自性清浄智	
ペ	畜生	痴、無知	精進	胸	青	中央	空	大日如来	法界体性智	色
メ	餓鬼	執着	布施	臍	赤	西	火	阿弥陀如来	妙観察智	行
フン	地獄	怒り	般若	会陰	黒	東	水	阿閦如来	大円鏡智	受

五蘊を照らすオンマニペメフン

「オンマニペメフン」のマントラの響きは、この五蘊の誤認の働きに光を当て、全ての現象の本質を照らし出す力を持っています。「オンマニペメフン」のマントラの聖音は、そのまま五蘊の働きに対応し、あらゆる現象の虚構性を晴らし、自らの性癖や習慣的概念の自縛から解き放ってくれるのです。

絶え間ないマントラの響きの中で自覚を持続し、無常の世の中にあって、観音様の慈悲の働きを顕わしてゆくことができます。

五蘊の心的プロセスは、「オンマニペメフン」の光彩に照らされて、五仏として顕現します。そして五仏の働きは、そのまま仏の智慧である五智として、その智慧の本質を表します。

「ペ」の聖音は、存在の本質である法界を照らします。その本質は、原初の智慧であり、「法界体性智」として光輝いています。その輝きは、「色蘊」の働きに光を当てます。「地、水、火、風」の四大、または極薇粒子によって創られた現象界を、照らしだすのです。ここが、「法界体性智」、大日如来の境地です。

「フン」の聖音は、「受蘊」の働きに光を当てます。眼、耳、鼻、舌、身の五つの感覚器官が集めたデータ情報のそのままが「大円鏡智」です。分析も解釈も何もしないそのままの情報、ただその意識に留まることができたら、それが「大円鏡智」、それが阿閦如来の境地です。

「オン」の聖音は、「想蘊」の働きに光を当てます。五感を使って集めたデータ情報を統合し、仮想的なイメージを創るプロセスを捉えます。いかなる仮想的なイメージに捕われることなく、その知覚をそのまま自覚で捉えることが出来れば、それが「平等性智」です。宝生如来の境地です。

「メ」の聖音は、「行蘊」の働きに光を当てます。仮想的なイメージを過去の記憶に照らし合わせる検索活動の働きを的確に捉え、この連想活動を自覚し、その働きに引き込まれることがなければ、それが「妙観察智」、阿弥陀如来の境地です。

「マ」の聖音は、「識蘊」の働きに光を当てます。ヴァーチャルなイメージの対象を意識化し、それに名前を付けようとする誤認の働きに取り込まれることなく、そのままの状態を自覚し続けることができれば、それが「成所作智」、不空成就如来の境地です。

「ニ」の聖音によって、私達衆生が住む日常生活が顕われます。しかし、そこはもはや輪廻の海ではなく、全てが清らかで何ものにも汚されることのない清浄な意識の空間として出現します。これが「自性清浄智」、釈迦牟尼如来の境地です。

阿閦如来や宝生如来、阿弥陀如来、不空成就如来とは、どこか外の世界にあるブッダの浄土に存在するのではなく、自分の意識の深いレベルに覚めた意識を持って触れることができた時に、知ることができる智慧の存在なのです。

この五蘊と五智の働きは、刹那滅《せつなめつ》という余りにも一瞬の時間の中で起こるプロセスなので、日常の粗い意識で捉えることは、大変難しいものです。しかし、「オンマニペメフン」のマントラの力によって、その心的作用に良い影響を与えることは可能です。

オンマニペメフンの口訣

「オンマニペメフン」とマントラを唱えている間に、思考や感情が起こることがあります。その時こそ、素早く「オンマニペメフン」とマントラを続けて唱えてみましょう。思考や感情が起こる前のその瞬間に、「オンマニペメフン」とマントラを唱えるのです。「オンマニペメフン」「オンマニペメフン」「オンマニペメフン」と、マントラを唱えている隙間に、思考や感情が湧き起こらないように素早く「オンマニペメフン」と唱えるのです。

アビダルマ哲学理論によると、一刹那《せつな》（約1/60秒と言われている）という時間には、二つの感覚が生じることはないと言われています。つまり、刹那に「オンマニペメフン」と唱えられている時間には、煩悩も無明も生じることなく、そこには「オンマニペメフン」という観音様の働きのみがあるのです。そして、次の刹那に思考や感情が起こる前に、素早く「オンマニペメフン」「オンマニペメフン」「オンマニペメフン」と唱えるのです。

この刹那滅が連続する時間に、「オンマニペメフン」というマントラの自覚の持続には、意識の深いレベルにその光彩の多次元的な智慧を呼び起こす働きがあります。

観世音菩薩の身口意

ここでは更に、「オンマニペメフン」のマントラの心髄に入ってゆきます。

その一つは、観音様というジュニャーナ・サットヴァの働きかけを知るということです。密教では、私達の身体は三つの身体「身《しん》・口《く》・意《い》」によって存在していると教えられます。「オンマニペメフン」のマントラを唱えることによって、この三種の存在が、全て観音様からの働きかけによって救われているのだと実感することができます。

例えば、現象世界に顕れるもの、目に見えるもの、音に聞こえるもの、目の前に現れるもの、五感で感じられる全ての「顕れ」が、観音様が化作《けさ》して顕されていることを実感することです。

『阿弥陀経《あみだきょう》』の中に書かれていますが、阿弥陀如来の浄土には、様々な鳥がいたり池があったり阿弥陀如来の宮殿があるのですが、全てが阿弥陀様の化作《けさ》によって創られていると書かれています。それと同じように、全ての顕れは、観音様の顕れであると知ることです。嫌いな人や苦手な人に出会ったなら、これは観音様の顕れとして、私の目の前に現われたのだと観ることです。どんな環境や境遇にあろうと、そこがジュニャーナ・サットヴァである観音様が化作して作られた場や関係であると知り、観音様からの働きかけであると観ることです。これが、観音様の顕れ、「身」です。

次は観音様による「口」の働きかけです。全ての音、言葉、会話など、あらゆる音は観音様の声として、また観音様の真言と認識することです。例えば、誰かから悪口を言われた時、それは観音様の声だと理解します。私達は、自分にとって心地良い言葉は受け入れることができますが、嫌な言葉は否定したいものです。しかし、全ての言葉や音は、観音様のマントラだと認識するのです。あらゆる音や声は、全てが観音様の方便としての真言だと受け取ること、それが観音様のマントラ、「口」の働きかけです。

そして観音様による「意」の働きかけです。私達の心には、怒りや欲望などのあらゆる思考や感情が起こってきます。時には、自分自身でコントロールできないような雑念、重い感情などに支配される時もあります。そのような時こそ、「あぁ、これらの想いは、全て観音様が心に顕れて下さったのだ」と思うのです。これが、観音様の心髄、「意」の働きかけです。

「オンマニペメフン」とマントラを唱えることで、観世音菩薩に対する深い信仰を持ち、その背景にある仏教哲学を学び、瞑想修行を一歩一歩深めてゆくことで、必ずやその功徳《くどく》があります。観世音菩薩の瞑想法を行なうことで、意識の深い層に必ず触れることができるでしょう。

「オンマニペメフン」「オンマニペメフン」「オンマニペメフン」と、常に心からマントラを唱え続けることで、心の本質や意識の深み、開かれた慈悲の力を呼び起こすことができます。「オンマニペメフン」の聖音の中に、仏教哲学と瞑想体系の智慧が多層的に織り込まれているのです。

観音様の身口意を通して、観音様の本質を体現することができます。「オンマニペメフン」のマントラの中には、観音様の本質が秘められており、それを唱えれば唱えるほど、その本質が修行者の意識の中に顕れてきます。

観世音菩薩とは、方便の存在として衆生の前に顕れていますが、その本質は「光の存在」そのものであり、「光明」であり、「空なる智慧」に他ならないのです。

「オンマニペメフン」の働きには、まさに観世音菩薩から全ての衆生に降り注ぐ雨のように、大いなる慈悲という虹の光彩として、ブッダの智慧が幾重にも幾重にも秘められています。「オンマニペメフン」という観音様より発せられた慈雨《じう》の光彩《こうさい》は、全ての衆生に遍く降り注ぎ、その無限の恵みを誰もが受け取ることができるのです。

モンラムチェンモ／ブッダガヤ世界平和セレモニー

中央：タルタン・トゥルク・リンポチェ

左　：ソギャル・リンポチェ

右　：ケンポ・トゥプテン

モンラムでは、マンジュシュリナマーサンギーティ

（文殊師利真実名経）が読経される

第九章　成就の印

菩薩の果

ブッダの道には、大切な基盤があります。それは、三つの「帰依処」にしっかりと立つことです。この基盤なくしては、無明の闇の中で迷子になってしまうことでしょう。無明を晴らす「三宝帰依」という基盤をしっかりと持つことで、ブッダの道を一歩一歩確実に歩いてゆくことができます。

ブッダの道は「菩薩の十地」として、ダルマの理解と実践がその深みとして対応するように、的確に標されています。「菩薩の十地」の根本である利他と慈悲、そして智慧の理解は、道を歩む上での重要なエネルギーとなります。

そして、基盤と道には、必ず結果があります。その果とは、菩薩の方便力であり、慈悲の働きです。ブッダの智慧の理解が深まるほど、方便と慈悲の働きがそれに伴って顕われてきます。

大乗仏教にとっての菩薩とは、現実の生活の中で無明に苦しむ衆生に投げかけられる利他の心として、現象界を動かす力を持つことであり、実生活をブッダの世界へと変えてゆく力を持っているのです。

密教の修行者にとって、修行の果とは特別な意味を持ちます。密教とは、高度な瞑想の三昧《さんまい》の力と神様や仏様の加護を得て、素早く成就を成し遂げることが出来ると言われているからです。

密教の成就には「勝義《しょうぎ》の成就」と「世俗《せぞく》の成就」の二種類があると伝えられています。「勝義の成就」とは、不二《ふに》なる空の境地を完全に悟ることです。密教における高度な瞑想は全てこの不二なる境地に留まることに他なりません。

それ以外の目的もいかなる対象も求める必要がないからです。

もう一つの成就は、「世俗の成就」です。密教の修行者にとっての一番の目的は「勝義の成就」を得ることですが、副次的な果を得ることができます。それが、「世俗の成就」です。「世俗の成就」には、「千里眼」「透視力」「空を飛ぶこと」「透明になること」「不老」「錬金」「身体を制御する力」と「世間を制御する力」など、八種類があると言われています。

仏教史上、密教の修行者も大乗の菩薩として、世間の中でその成就力を示し、人々のために利他を施す仏道修行者が多く存在しました。

タントン・ギャルポのランジュン

タントン・ギャルポ（1385-1510）は、十四世紀のチベット仏教の成就者として知られ、今でも観世音菩薩の生まれ変わりだと、チベット人仏教徒達に信じられています。彼は生涯、観音様の修行に専念し、常に「オンマニペメフン」とマントラを唱え、世間の中で菩薩行を実践してきました。

チベットやブータンには、今でもタントン・ギャルポが造った橋が各地に残っています。タントン・ギャルポは、川で切り離された山や谷の中に暮らす人々の為に、鉄鉱石を掘り出し、製鉄をし、鎖を作り、その鉄の鎖を繋ぎ合わせて橋を作りました。また、河には船付き場を作り、人々がより良い生活が出来るようにと、現実的な菩薩行を実践してきたのでした。

タントン・ギャルポの実践行はまさに、観音様の慈悲の働きが現実的に顕れた活動だと言うことが出来ます。彼は生涯、「オンマニペメフン」のマントラを唱え続け、観音様のマントラと一体であったと言われています。

私がチベットやブータンを巡礼した時にも、タントン・ギャルポの聖地を幾

ཨོཾ་མ་ཎི་པདྨེ་ཧཱུྃ

つか訪ねることができました。今でも、タントン・ギャルポが村の人々の為に架けた橋が各地で使われ、村人の生活を支えており、その徳が偲ばれます。

十数年前、ネパールカトマンズの郊外にタントン・ギャルポの子孫が暮らしておられることを聞き、訪ねていった事がありました。一九五九年に中国共産軍によるチベット侵略を逃れて、タントン・ギャルポの子孫は一家でネパールに亡命されたのですが、その時にタントン・ギャルポの舎利を肌身離さず大切に持って逃げたと言っておられました。

私は、箱に納められていた貴重なタントン・ギャルポの喉の舎利《しゃり》を見せていただきました。それは、米粒くらいの大きさでした。拡大鏡を借りてよく見ると、その米粒ほどの大きさの舎利には、何と、「千手千眼観世音菩薩」がくっきりと浮かび上がっていたのでした！

チベットの成就者
タントン・ギャルポ（1385 － 1510）

これをチベットでは「ランジュン」と言います。「ラン」とは自然にという意味で、「ジュン」は顕れるという意味です。「ランジュン」とは、ブッダの加持と修行の徳と果によって、不思議にも自然と顕れたものという意味になります。タントン・ギャルポはいつも、「オンマニペメフン」のマントラを唱え続けていたので、彼の喉に「千手千眼観世音菩薩」が顕れたのです。

虹の身体

チベット仏教ニンマ派に伝わる「ゾクチェン」の瞑想を修行する者は、その果として、肉体から意識が離れた後に「虹の身体（ジャ・ル）」を得ると言われています。「虹の身体」は、生前「ゾクチェン」という高度な瞑想修行によって、身体と意識が限りなく純化され、清浄な本質が現象として顕われる結果であると言われています。

私は、師がチベットで修行をしていた青年時に、あるラマが亡くなられた話を伺ったことがあります。そのラマの遺骸はテントに置かれていたのですが、一週間後に中を見ると、遺骸は赤ちゃんほどの大きさに縮んでいたそうです。そして、さらに数日後には髪の毛と爪、そして衣服だけを残して、消え去っていたと言うのです。

師タルタン・トゥルク・リンポチェのチベットのお寺は、今は中国の甘粛省ゴロク地方に位置します。ニンマ派六大寺院の一つパユゥル・タルタン寺院の伝統では、「深い信」だけは誰にも負けないという自負があると聴きます。多くの修行者が、パドマサムバヴァの「バジュラグル・マントラ」や観世音菩薩のマントラ「オンマニペメフン」を人生を賭けてひたすら唱えることで、死に際し、虹の体を得たと言われました。読み書きが余り出来ない凡夫でも、ブッダやパドマサムバヴァに対するひたむきな帰依の心と瞑想修行によって、成就の印を得た仏道修行者は数知れないと教えられました。
ダルマへの「深い信」は、人生を賭けて励むに値する尊い道となります。

私達現代人はとかく、目に見えるものや科学的に証明されるものは信じますが、目で観ることができない心の深遠さや不思議さには、懐疑的なことがあります。観世音菩薩やブッダを観ることができるかどうかは、人それぞれの心の深さに関わっているのかもしれません。

「オンマニペメフン」というマントラの多次元性の中に、自身の深い心の本質を観ることができるかどうかは、科学で証明できるものではないでしょう。それは、自分の心を観察し、清らかにし、光輝く本質に触れることができた時に、自ずから理解できるものなのだと思います。それは、誰かに認められることでも褒められることでもない、ただ自分自身の意識の内の働きとして、「楽」

になり、「内なる幸せ」を得ることに他ならないのです。

観世音菩薩の慈悲の光は、遍く全ての衆生に注がれています。その慈悲は、雨のように、全ての命に恵みを与え、健やかに育て、やがては綺麗な華を咲かせることでしょう。そして、その華の果実は、誰かのお腹を満たし、満足させてくれます。そしてまた、それは一粒の種となり、どこかの地で新たな芽を吹く力となります。

それは、観世音菩薩の慈悲の光が、遍く全ての衆生に注がれているからです。

この功徳を以て
あまねく一切に及ぼし
我らと衆生と皆共に
仏道を成ぜんことを

あとがき

私は、長年「お寺は心の中にあればいい」という考えを持っていました。

しかし、師よりニンマ派に伝わる深い奥伝を受け、一九九五年に帰国した時、「自分の心の中に、正法というお寺があるだろうか。もしも本当にあるのならば、それは必ず形に顕せるはずだ」と確信し、自分の法脈を日本にチベット寺建設として顕すという、ヴィジョンを得ました。九七年より、自身の修行を深めるために飛騨の山中に移住しました。伝統的にはユルモ、リトリート（集中修行）と呼ばれ、ブッダへの祈りと瞑想をより深いものとする期間を持つのですが、飛騨の地はリトリートに絶好の環境でありました。

九九年、米国、加州のオディヤン寺院へ参籠し、師タルタン・トゥルクからより深い教えと法脈の仏縁を授かると共に、私のヴィジョンに対して師より正式に、「タルタン寺」と命名して頂きました。師の法脈と寺名を受け継ぐことは、弟子としてこの上もない責任です。禅宗では一箇半箇と言われますが、師の教えでもある同じ菩薩の誓願を歩み続けることこそが弟子の道であると信じ、日本での一粒の種として、法脈の因を持ったのでした。

二〇〇〇年正月早々、仏陀成道の地でのモンラム・チェンモ、ブッダガヤ世界平和セレモニーの実行運営委員として、十万冊の経典配布の責務を遂行し、約一万人が集うチベット僧と共に平和の祈りを捧げました。そして、インドからの帰国後雪解けの春より、仏道を真に求める人達が学び座禅を納めることのできる空間を作りたいという長年のヴィジョンから、タルタン寺建立の誓願を一枚のラフスケッチに表し、日本でのタルタン寺建設に取り組み始めました。

オディヤン寺院同様、タルタン寺も土台から手造りで、セメントを捏ね、間伐材を刻んでの制作です。飛騨には、「結《ゆい》」という慣習があり、棟上げの時には地域の方々や友人に総出で助けていただきました。戸や窓などほとんどの物がリサイクル、リユースです。上下水道が今だ来ていないこの土地では、山から水を引き、浄化槽は「土壌浄化システム」を自作しました。数年前からは、建設中の建物に住みながら、一つ一つの部屋や細部を作り上げています。チベット仏教では立体マンダラは寺院建築の重要な様式ですが、今では最小のマンダラ構造として、その外観を観ることができるところまで進められました。

私は建築作業の中で、ネパール郊外のパルピンにチャタール・リンポチェを師と共に訪ねた時のことを幾度と思い出しました。チャタール・リンポチェは、ニンマ派の中でも厳格な高僧として有名な方ですが、チベットからネパールに亡命された後、パルピンの今の地で自ら材を担ぎ、シャベルを持っての、まさに手造りで寺院を建築されたことを話して下さいました。

タルタン寺建設プロセス

現在、チベットから亡命先のインドやネパール、シッキム、ブータンなどで見られる多くのチベット寺院が、このように一つ一つ石を積み上げての建設であることを知ると、壊されても壊されても石を積み上げる仏教徒の精神を深く感じることができます。

「壊されても壊されても、菩提の石を、積み上げる」

これこそが、非暴力である仏教徒の精神であり、菩薩の行為なのでしょう。

二〇〇〇年の春から始めた寺の建設は、今だ完成していませんが、多くの困難を乗り越えて、また多くの方々に助けられながら外観は整い内部も大枠はでき、次には、いよいよ念願の「ストゥーパ（仏舎利塔）」を寺のマンダラ中央部に完成させる段階となりました。正法の証として「ストゥーパ」は、仏教徒にとってブッダの心を顕す最も重要なシンボルです。

仏法の灯火を守り伝えることは、この現代社会において、そしてこの末法において、最も尊い行為だと信じています。そして何よりも、日々の生活の中にこそある仏道を大切にすべきという師の教えを胸に秘め、サイの角の如く一歩一歩、歩み続けています。

最後に、二十数年前の梵鐘勧進以来、私のダルマの活動に深いご理解とご支援下さる岡田賛三氏に、この場を借りて心から感謝の気持ちを申し上げます。

そして、共にダルマの道を歩み続ける妻まき、娘和母、息子典禪に感謝の気持ちを心から捧げたい。師よりの祝福は皆共に深い仏法の因となり、道の標になることでしょう。菩薩は、愚鈍である。愚鈍なまでに自らの道に信を持って歩む姿を、次の世代に伝えるべく、自らが良きモデルとしてあるように。

二〇〇八年四月八日

残雪の飛騨山中秋神にて

林　久義

ཨོཾ་མ་ཎི་པདྨེ་ཧཱུྃ

著者／林　久義

1959年　岐阜市に生まれる。
高校卒業後、北海道遊学。
インド、ネパール遊学。
1983年　タルタン・トゥルク最後の公式TSKセミナーに参加。
1984年　法政大学社会学部卒業。
米国加州チベット仏教オディヤン寺院に入門。
1985年　東洋と西洋を仏法で結ぶという菩薩の誓願を起て、日本全国を行脚し、「梵鐘勧進」を行なう。
120人の個人団体より喜捨を募り、梵鐘を制作。
1988年　東大寺、天河弁財天神社、高野山など全国九ヶ所で「音声供養」行なう後、オディヤン寺院へ梵鐘を寄贈し誓願を成就。
オディヤン寺院ヴァジュラテンプル十万体の仏像制作、経典・蔵外教典の制作に関わる。師タルタン・トゥルクよりゾクチェンの教えと瞑想を学ぶ。
1993年　ブッダガヤセレモニー実行委員として以来毎年参加。
また、師と共にインド、ネパール、チベットを巡礼する中、瞑想修行を修める。
1995年　帰国。仏教徒としてオウム事件を憂い、以来オウム信者脱会カウンセリングを行っている。
1997年　飛騨高山に移住。
2000年　タルタン寺建築開始。
2002年　チベット三度目の巡礼。
2006年　ブータン巡礼。

訳書に『静寂と明晰』『秘められた自由の心』『夢ヨーガ』がある

http://oddiyana.com/

慈雨《じう》の光彩《こうさい》
オンマニペメフン　チベット仏教観世音菩薩成就法
2008年7月8日　初版第1刷発行

著　者　林　久義
発行者　はやし　まき
発行元　有限会社　ダルマワークス
〒500-8241　岐阜県岐阜市領下1675
Tel 058-246-4909
Fax 058-245-2100
発売元　株式会社　星雲社
〒101-0012　東京都文京区大塚3-21-10
Tel 03-3947-1021
Fax 03-3947-1617
印刷・製本　株式会社　岐阜文芸社

ISBN978-4-434-11995-8　C0015

この本の売り上げの一部は、チベタン・エイド・プロジェクト（チベット援助基金）に寄付され、モンラムチェンモ・ブッダガヤ世界平和セレモニーの運営費に当てられます。
http：//www.tibetanaidproject.org/
http：//odiyan.org/